Droom je Leiderschap

Elise A.C. Ledderhof

Dit boek is opgedragen aan mijn supertrotse vader:

† 12-02-2012

978-1-4716-3628-8

INHOUDSOPGAVE

VOORWOORD

Ieder van ons heeft in de afgelopen jaren een bepaalde bagage opgebouwd. Sommige delen hiervan zijn heel waardevol en wil je altijd bij je houden, andere delen zijn tot een grote last verworden. Vraag hierbij is of en in hoeverre wij ons bewust zijn van deze ladingen, beter bekend als overlevingsmechanismen. Sommige zijn duidelijk en behulpzaam, andere werken ons (on)bewust tegen.

Dit boekje is een ontdekkingreis. Gaandeweg de reis wordt duidelijk dat bepaalde gebeurtenissen uit het verleden ons tegenhouden en dat we ons niet langer hoeven laten leiden door deze gebeurtenissen. In plaats daarvan kunnen we besluiten om in de toekomst anders om te gaan met bepaalde gebeurtenissen, beginnende vanaf dit moment, nu.

Om dit optimaal te laten slagen is het belangrijk te herkennen wat ons tegenhoudt en wat we nodig hebben aan eigenschappen om te komen waar we willen zijn. Het is belangrijk om te kijken naar het doel en het waarom achter dit doel. Is dit doel afkomstig vanuit onszelf of is dit ontstaan vanuit bepaalde omstandigheden die verder niets van doen hebben met wat je echt zou willen?

Om zo dicht mogelijk bij het innerlijk kind te komen en het deel van de onbewuste herinneringen is er zoveel mogelijk gebruik gemaakt van beeldende taal die als doel heeft emoties en gevoelens naar boven te halen. Voor iedereen zullen deze herinneringen anders zijn, net zoals de reis voor iedereen anders zal zijn.

Sommigen onder jullie zullen het prettig vinden per spoor te reizen en zullen hier altijd gebruik van blijven maken. Anderen zullen wellicht loskomen van het spoor en gaan vliegen en zo de wereld van bovenaf kunnen bezien. Wellicht maak jij de reis al wandelende, zodat je alles rustig in je op kan nemen. Wat jouw keuze ook is, het gaat om het ervaren van de reis en het nagaan wat het jou brengt.

Geniet ervan!

Elise

INLEIDING

Dit boek bestaat uit twee delen. Het eerste deel is het verhaal over "een reis naar de sterren". Het vertelt hoe iemand een droom heeft en besluit hier gehoor aan te geven, nadat deze een artikeltje lees in de krant dat over deze droom gaat. De persoon gaat op reis en tijdens deze reis komt deze persoon in contact met allerlei andere mensen, die uitleg geven over de gebeurtenissen tijdens deze reis en wat de betekenis is achter de diverse gebeurtenissen.

In deel twee gaan we de reis stap voor stap bekijken. Wat betekenen de diverse signalen precies? Hoe werken onze hersenen als het op herinneringen en overlevingsmechanismen aankomt? Hoe zijn we geprogrammeerd en willen we nog zo acteren of zouden we graag dingen willen veranderen? Zo ja, hoe dan?

Op dit boekje volgt een werkboekje. Dat is voor die mensen die thuis met deze materie aan de slag willen gaan.

Dit boekje maakt onderdeel uit van de cursus "Droom je Leiderschap". Deze wordt gegeven als workshop, maar ook als training. Als je nieuwsgierig bent naar meer informatie, dan kun je rondkijken op www.ChikaraCC.nl.

DEEL EEN

Reis naar de Sterren

1. EEN DROOM

"Tjoeke tjoeke tjoeke…" Wat hoor ik toch? "Fuuuuuuuut fuuuuuuut…" Ik kijk nog eens goed rond en realiseer me dat ik me in een stoomtrein bevind…

Het geluid van de fluit is wederom hoorbaar. De machinist geeft een waarschuwingssignaal af. Voor ik het door heb, word ik opeens in de bank geduwd. Mijn ogen worden groot als ik me realiseer dat we opstijgen, we gaan de lucht in! Hoe kan dat nou? Met een waanzinnige snelheid gaan we op de sterren af. Ik heb het gevoel dat ik me in Disneyland bevindt in één van de attracties, waarbij je wordt weggeschoten. Net zo plotseling als we richting de sterren zijn gegaan, wordt er afgeremd en ik moet even bijkomen. Voor ik het goed en wel besef zijn we alweer aan het bewegen. Dit keer op een rustiger tempo.

We bevinden ons tussen de sterren en als ik goed kijk zie ik allemaal sleutels. Steeds stoppen we bij een sleutel en dan wordt er een naam omgeroepen. Opeens hoor ik mijn naam.

Nog voor ik kan reageren hoor ik de volgende instructie "Rechts van je hangt jouw sleutel naar je dromen. Loop naar het raam rechts, draai het bovenluikje open en pak de sleutel. Je kunt de sleutel herkennen doordat deze heel fel fonkelt en schittert.

Dat is het teken dat het jouw sleutel is die jou gaat helpen." Als ik er naartoe loop zie ik dat het een echte sleutel is. Ik draai het raampje open en pak de sleutel. Wanneer die in mijn hand ligt krijgt de sleutel een zachte kleur, alsof het de warmte weergeeft van mijn hand. Vervolgens word ik wakker. Ik lig in bed en naast me zie ik de afdruk van een sleutel in mijn kussen. Wat heeft dit te betekenen?

2. ARTIKELTJE IN DE KRANT

Tijdens het ontbijt valt mijn oog op een artikeltje in de krant. Er staat iets over sterren die op sleutels lijken. Vannacht zijn er een aantal van dit soort waarnemingen geconstateerd, maar er zijn geen harde bewijzen. Om onverklaarbare redenen geven de foto's alleen de sterren weer en ook de video-opnames geven geen bijzondere beelden weer. Het enige wat opvalt, is dat het vannacht bijzonder helder was.

Terwijl ik de krant verder bekijk zie ik opeens een hele kleine advertentie. Het is omkaderd met sterren en in het midden staat een sleutelgat. De tekst leest "Vindt de weg naar de sleutel, die je bij al je dromen brengt. Meer instructies zijn te vinden op het dichtstbijzijnde strand, vanmiddag 13.00u. Dit zal je naar het verzamelpunt "Station naar de Sterren" brengen."

Ik realiseer me dat ik nog maar een paar uur heb om me voor te bereiden. Als ik nog een keer wil kijken naar de instructie zie ik dat het artikeltje verdwenen is. Vreemd. Ik besluit wel te gaan. Dit zijn signalen die ik niet kan en mag negeren. Dat is één ding dat duidelijk is.

3. HET STRAND

Het dichtstbijzijnde strand… Als ik mijn gedachten laat gaan realiseer ik me dat dit het strand is waar ik het liefste naartoe ga. En daar zou wat moeten liggen?

Te verliezen heb ik niets. Te winnen alles. Er is al een tijdje een bepaalde onrust in me. Alsof ik dingen wil veranderen, maar niet goed weet hoe. Wellicht brengt dit me wat dichter bij wat het is dat ik wil. Ook al zou ik niets tegenkomen, dan kan ik in ieder geval genieten van de rust die de zee me brengt. Er is toch niets zo mooi als het geluid van de golven en de zilte lucht van het zeewater.

Wanneer ik richting het strand loop, krijg ik een wat vreemd gevoel in mijn buik. Het is een mengeling van prettige spanning en een beetje misselijkheid. Het doet me denken aan het moment vlak voor een sollicitatiegesprek waarbij er sprake is van een baan die ik heel graag wil hebben. Maar ik ben niet op sollicitatiegesprek, ik ga naar het strand. Wat heeft dit gevoel me dan te vertellen?

Ik loop naar de trap en ga de treden af. Eén voor één. De trap is van hout en de treden zijn half verborgen onder het zand. Ik focus aandachtig op de treden, zorgvuldig de trap aflopend. Af en toe kijk ik op en heb ik het idee dat ik vlak bij de zee wat in de verte zie. Doordat de traptreden steeds opnieuw mijn aandacht opeisen kan ik net niet lang genoeg kijken wat het precies is dat ik zie. Ik word echter wel heel erg nieuwsgierig.

Het gevoel van opwinding neemt toe. Zou het dan toch zo kunnen zijn? Wat stond er ook alweer? “Meer instructies zijn te vinden op het dichtstbijzijnde strand”. Dat is hier. Veel meer stond er niet bij. Alleen dat het me aanwijzingen zou geven naar een station.

Ik denk terug aan mijn droom en dan aan het artikel over de sterren die op sleutels leken. Het lijkt te mooi om waar te zijn. Zou het kunnen? Zou het echt zo kunnen zijn? En wat wil die sleutel me dan eigenlijk vertellen? Ik herinner me vaag iets over “helpen”. De sleutel zou me kunnen “helpen”. Waarmee dan? Hoe meer ik erover nadenk, hoe minder ik het snap.

Inmiddels ben ik het strand een flink eind overgestoken en ben ik bijna bij de vloedlijn. En dan zie ik het opeens. Daar voor me, verborgen in een berg zand, zie ik wat wapperen. Het wappert zodanig dat ik er als het ware naar toe wordt getrokken. Ik kan mijn ogen er niet vanaf houden. Wat zou dit kunnen zijn?

4. EEN SCHATKAART OP DOEK

Als ik bij de berg zand kom, zie ik een grote punt uitsteken. Als ik het zand wat wegveeg kan ik er beter bij. Het is een stuk stof, als een grote zakdoek, maar dan van een zacht soort zijde. Heel bijzonder! Zou iemand zo'n mooie doek zomaar hebben achtergelaten? Zou iemand het zijn verloren? Het ziet er kostbaar uit en voorzichtig trek ik het uit de berg zand.

Nu ik het beter kan bekijken realiseer ik me dat er aan de binnenkant een soort tekening staat. Ik veeg het zand weg van de tekening en het eerste dat ik zie is een stroomtrein. Mijn oog valt op het nummer "737". Was dat niet het nummer van de trein in mijn droom? Jawel, dat was het zeker! Dit kan gewoon geen toeval meer zijn! Vervolgens zie ik een hemel vol met sterren en daartussen flonkert een sleutel. Op dit moment voel ik de rillingen door mijn lijf gaan. "Vannacht hebben diverse mensen sterren waargenomen die op sleutels lijken". Ik herinner me het artikel weer in de krant.

Wanneer ik nogmaals naar de berg zand kijk valt me op dat er nog iets in verborgen ligt. Het lijkt op een soort doosje.

5. HET KOMPAS

Als ik het uitgraaf, zie ik dat een rond doosje is, dat is gegraveerd. Op het deksel staat een ster, een soort grote poolster. Voorzichtig maak ik het doosje open. Het is wat verroest en ik ben bang dat als ik te ruw ben, het uit elkaar valt. Als ik het doosje openmaak worden mijn ogen groot van verbazing. Er komt allemaal licht uit het doosje, alsof het me wat wil vertellen.

Doordat ik verblind word door het licht doe ik het snel weer dicht. Ik hou het stevig in mijn hand en ik voel dat mijn hand helemaal warm wordt. Wanneer ik opnieuw naar de tekening op het doek kijk, zie ik dezelfde poolster met daarbij aanwijzingen die windrichtingen lijken aan te duiden. Ik kijk nog een keer naar het doosje in mijn hand. Het is een kompas. Dit kompas zal me de richting wijzen waar ik naartoe moet. Dat is iets wat ik heel duidelijk voel.

Plotseling steekt er een felle wind op. Het wordt koud. Ik besluit terug te gaan. Terwijl ik terugloop naar de trap merk ik dat het kompas in mijn hand begint te gloeien. Ook van binnen begin ik weer die opwinding te merken. Wat is er toch aan de hand? En weer komen er woorden bij me terug "Je kunt de sleutel herkennen doordat deze heel fel fonkelt en schittert. Dat is het teken dat het jouw sleutel is die jou gaat helpen." En opeens hoor ik de woorden vervormen: "Je kunt het kompas herkennen doordat deze heel fel fonkelt en schittert. Dat is het teken dat het jouw kompas is die jou gaat helpen." Gaat helpen? Waarmee dan?

Nog voor ik verder kan nadenken realiseer ik me dat ik op een open plek ben aangekomen. Wanneer ik rondkijk zie ik een soort vervallen gebouw met een statige uitstraling. Het ziet eruit als een belangrijk gebouw dat in vroeger tijden druk bezocht moet zijn geweest. Wat vreemd. Ik dacht dat ik alle plekken in de omgeving op mijn duimpje kende, maar hier ben ik – zeker weten - toch nog nooit geweest.

6. HET STATION

Ik ga het gebouw binnen en mijn aandacht wordt direct naar een grote stationsklok getrokken. Vijf uur. Vijf uur? Wat is er met de tijd gebeurd? Dat kan niet kloppen, de klok staat vast stil. Maar als ik op mijn horloge kijk, geeft ook deze vijf uur aan. Zelfs mijn telefoon geeft vijf uur aan. Dan zal het toch echt zo zijn.

Ik besluit door te lopen. Het is toch wel opmerkelijk dat temidden van alle losse stenen en scheuren in de muur een functionerende stationsklok hangt. Weer voel ik het kompas gloeien in mijn hand. Het is alsof deze me in een bepaalde richting wil sturen. Links of rechts? Als ik aan "rechts" denk voel ik het kompas weer warmer worden en ik besluit daarom rechtsaf te slaan.

Voor me is een soort tunnel zichtbaar. Ik loop er voorzichtig naartoe en opeens is de tunnel fel verlicht en ik hoor over de omroepinstallatie "De trein met als bestemming "de sterren" zal over enkele minuten op dit spoor binnenkomen. Houdt u alstublieft afstand van de rails, zodat u niet meegezogen wordt als de trein arriveert". Ik doe een stap opzij richting de reling. Geen moment te laat, want ik voel een sterke trek ontstaan. Er ontstaat een enorme stofwolk en ik draai mezelf weg om mijzelf te beschermen van alle zand, stof en gruis die de trein doet opwaaien op het moment dat deze op het spoor bij het perron verschijnt.

7. EEN ECHTE STOOMTREIN

Als de stofwolk is neergedaald, zie ik tot mijn verbazing een echte stoomtrein staan. Het is een groot zwart monster waar aan alle kanten stoom uitkomt. Wow, een echte stroomtrein. Hier in mijn buurt. Waar ik niet eens wist dat er een station was.

Op dat moment hoor ik een stem. "Bent u nog van plan mee te gaan of blijft u kijken? Over enkele minuten zal de trein verder gaan naar haar bestemming tussen de sterren. Als u meewilt, kunt u beter aanstalten gaan maken". Ik kijk de man aan. Het is de conducteur, die me meewarig aankijkt. Hij ziet de verwarring op mijn gezicht. "Henri, help toch eens een handje! We kunnen onze gast toch niet zo op het perron laten staan?!". Ik kijk langs de conducteur en zie de machinist naar me zwaaien met een grote grijns. "Hallo daar, bijzondere gast! Welkom op onze trein. Dit is een hele bijzondere trein. Deze trein zorgt dat je wensen gerealiseerd kunnen worden. Daarom nogmaals... welkom."

De stoomtrein begint steeds harder te puffen en te blazen. De trein staat nog stil, maar de machinist is bezig de kachel flink op te stoken voor de reis. Wanneer ik aanstalten maak om in de trein te stappen, vraagt de conducteur me wat ik met al mijn bagage wil doen. Wanneer ik om me heen kijk, zie ik tot mijn verbazing allemaal koffers, tassen en andere spullen. Het is mijn bagage. Het is alles wat ik in de loop van mijn leven heb verzameld. Nooit eerder heb ik dit zo gezien en ik vind het best wel confronterend.

Voor nu besluit ik alle bagage mee te nemen. Wat is wijsheid? Wil ik weten wat ik wel en wat ik niet kan gebruiken, zal ik toch eerst alles eens goed moeten gaan bekijken. Ook de dingen waar ik geen idee van heb waartoe ze dienen. Van sommige dingen weet ik eigenlijk niet eens wat het is. Ik ga naarstig op zoek naar een gebruiksaanwijzing. Iets wat me duidelijk maakt waarom ik bepaalde stukken bagage heb en wat de toegevoegde waarde ervan is. Bij nader inzien blijken sommige stukken echter helemaal niets toe te voegen in mijn leven. Ze lijken me zelfs tegen te houden. Deze bagage houdt me vast op het station en belet me in de trein te stappen.

Wat is handig? Ik besluit bepaalde spullen achter te laten. Of ik er verstandig aan doe? Ik kan onmogelijk alles meenemen en ik twijfel er zelfs aan of het wenselijk is. Dit vereist keuzes. Opeens voelt het alsof ik mijn hand brandt aan iets. De kompas is loeiheet geworden en dwingt me mijn hand te openen. Terwijl ik mijn hand openvouw, zie ik hoe het deksel van de kompas openklapt. Het is alsof ik een melodieze stem hoor die een aantal vragen aan me stelt: "Wat is je doel? Wat heb je nodig om dit te bereiken? Wat wil je voor eens en voor altijd achter je laten? Dit is jouw kans!!!"

Ik kijk verbaasd op van de kompas recht in het gezicht van de conducteur. Hij kijkt me lachend aan zegt "Als u meewilt, zult u nu moeten kiezen welke bagage u mee wilt nemen. Er is genoeg ruimte voor al uw spullen, maar hoe meer u meeneemt, hoe langer het duurt voor u op uw bestemming aankomt".

Op dat moment realiseer ik me nog niet hoe waar deze uitspraak zal blijken te zijn. Al snel echter wordt de keuze voor me gemaakt om een deel van mijn bagage achter te laten. Henri, de machinist blaast de fluit. Als ik meewil, zal ik nu één en ander moeten laten voor wat het is. Nu! Ik spring op de trein en realiseer me dan pas dat ik willekeurig wat koffers en spulletjes heb gegrepen.

Terwijl de trein wegrijdt, zie ik in de verte wat ik heb achtergelaten. Ik zie spulletjes op het perron die veel herinneringen herbergen, niet allemaal even makkelijk trouwens. Kortstondig voel ik me even heel erg zwaar.

Dan kijkt Marty de conducteur mij aan. Hij geeft een vette knipoog. "Zo… hoe voelt het om wat lichter te reizen? Geeft het al wat lucht of is toch nog wat moeilijk te behappen dat u van alles heeft achtergelaten?" Ik kijk de beste man aan. Het is een wat oudere man met een doorleefd gezicht. Wat me opvalt zijn zijn ogen. Hij kijkt me doordringend aan maar wel met ogen vol pretlichtjes. Hij geeft me een grote glimlach en ik realiseer me dat er een last van me is afgevallen. Het is helemaal niet zo verkeerd om dingen te laten voor wat ze zijn. Zeker als ze niet meer nodig zijn en ze vanuit gewoonte altijd maar worden meegenomen!

8. EEN KAARTJE NAAR DE STERREN

Ik installeer me in de trein en geniet van het uitzicht. Ik ga in gedachten eens na wat ik nu eigenlijk heb zitten dromen. Oh ja dat is waar, ik werd afgeschoten in de lucht. Maar de stroomtrein lijkt niet zoveel haast te maken. Zeker niet genoeg om richting de sterren te worden afgeschoten. Gelukkig maar, want in de droom was het al heftig genoeg.

Na verloop van tijd komt Marty de conducteur bij me staan. “Bent u al een beetje bekomen van de schrik? Het ging opeens wel erg snel he? Maar u heeft er goed aan gedaan om mee te gaan. Deze reizen naar de sterren zijn altijd wel heel erg bijzonder en wees ervan verzekerd dat u met iets heel bijzonders weer naar huis gaat. Deze ervaring kan niemand u meer afnemen.”

Ondertussen krijg ik mijn kaartje. Het is een kaartje met de kleur van zand, met daarop een kompas. Hij heeft er een merkje uitgestanst. Het is in de vorm van een sleutel. Op dat moment klinkt er een boodschap. Marty wordt naar voren geroepen. Er is iets aan de hand. “Excuseert u mij. Ik ben even elders nodig. Ik denk al dat ik weet wat er aan schort. De trein maakt niet genoeg snelheid. Dat kan weleens gebeuren als er zoveel bagage wordt meegenomen. Dit stagneert het goed op gang komen van de trein.”

Terwijl zijn woorden nagalmen in mijn hoofd, kijk ik eens goed naar de bagage die ik bij me heb. Ik ben er nog helemaal niet aan toegekomen om de bagage uit te zoeken. Wellicht is dit een goed moment ervoor.

9. LANG VERGETEN HERINNERINGEN

Een voor één haal ik de tassen en de koffers uit het bagagerek. Er lijkt geen einde aan te komen. Terwijl ik ze om me heen verzamel zie ik dat er labels opstaan.

Als ik de labels beter bekijk, realiseer ik me dat ik naar filmpjes aan het kijken ben. Elk label heeft een eigen filmpje. Ik pak de eerste koffer die in het oog springt en installeer me eens goed in de bank van de wagon om te zien wat de beelden mij te vertellen hebben.

Tot mijn verbazing word ik meegenomen naar een moment in mijn jeugd. *Ik ben aan het spelen in de zandbak als ik opeens word opgeschrikt door iets. Het zijn andere kinderen die aan komen rennen. Zij willen ook in de zandbak spelen en lijken er geen rekening mee te houden dat ik al in de zandbak aan het spelen ben. Het lijkt wel alsof ze me niet kunnen of misschien zelfs niet willen zien. Voor ik er erg in heb, is al mijn speelgoed afgepakt en zit ik een beetje beduusd om me heen te kijken. Ik krijg geen kans er wat van te zeggen want ik word uit de zandbak geplukt en naar binnen gedragen het huis in. Buiten schijnt de zon. Het voelt als straf."*

Dan pak ik een andere koffer. Ook daar laat het label beelden zien.

"Ik bevind me op de speelplaats op school. Midden op het schoolplein bevindt zich een prachtig toestel.

Het lijkt op een treintje en als je erin gaat zitten beweegt het van links naar rechts en van voor naar achter. Het geeft me altijd een kick om erin te zitten Maar nog voor ik erin kan stappen word ik aan alle kanten voorbij gerend. Ik heb het gevoel van een deja-vu, maar kan het niet goed plaatsen..

Het enige wat ik voel is teleurstelling en frustratie. Ik kan niet in het treintje stappen en op droomreis gaan. In plaats daarvan kijk ik toe hoe de kinderen schreeuwen terwijl ze elkaar verdringen om maar achter het stuur plaats te mogen nemen. Wanneer de bel gaat, rennen de kinderen weer even hard weg. Ik wil toch nog even in de trein zitten. Op het moment dat ik in de trein wil stappen, hoor ik hard getik. Het zijn de hakken van de juf. Ze pakt me bij de hand en neemt me mee. "Iedereen naar binnen. Jij ook!" Op dat moment realiseer ik me dat deze droomreis aan mij voorbij is gegaan. Het voelt treurig, want het is een gemiste kans. In plaats daarvan moet ik weer terug naar het lokaal waar alle gevoel van vrijheid ver te zoeken is".

Zo zie ik een aantal filmpjes voorbij gaan. Het zijn stuk voor stuk herinneringen die te maken hebben met het ontnomen worden van mooie momenten. Of heb ik ze me laten ontnemen? Als ik nu naar de koffers kijk vind ik ze opeens helemaal niet meer zo mooi. Waar ze me net toeschenen om me uit te nodigen om naar de labels te kijken, krijg ik nu opeens een brok in mijn keel en een bittere smaak in mijn mond. Tegelijkertijd voel ik hoe de trein begint te haperen. Het lijkt wel alsof deze tot stilstand komt. Wederom klinkt de aankondiging voor een boodschap. Dit keer lijkt de boodschap voor mij bedoeld. Er wordt vriendelijk doch dringend gevraagd om te kijken welke bagage de trein tegenhoudt. Er is de machinist ter ore gekomen dat er koffers aan boord zijn die stagneren. En dat is niet handig wanneer de vlucht richting de sterren is gepland.

Opeens voel ik hoe niet langer meer me wil laten tegenhouden door anderen. Lang hoef ik niet na te denken. Die koffers hoef ik niet langer meer bij me te houden. Of het nu bedoeld is voor mij of niet, ik ga van deze gelegenheid gebruik maken om voor eens en voor altijd van deze bagage af te komen. Bij deze besluit ik om me nooit meer tegen te laten houden als ik hier niet zelf achter sta. Ik ga vanaf nu voor vrijheid.

10. OVERBODIGE BAGAGE

Vlak boven het raampje zie ik een dik, gedraaid crèmekleurig koord, waaraan een tweede koord is vastgemaakt dat langs het raampje hangt. Aan dit tweede koord hangt een koperen bel. Het lange koord loopt dwars door de muren van de coupés en vormt zo een directe verbinding met de machinist en de conducteur. Ik trek aan de bel en schrik even omdat alle bellen opeens lijken te rinkelen door de gehele trein.

Gelukkig verschijnt Marty meteen met een brede glimlach. "Ben je eruit? Je had het al door hè? Die boodschap was voor jou bedoeld! Zullen we samen deze bagage verbranden?" Ik kijk hem glunderend aan. Deze man weet als geen ander mijn wens! "Laten we de koffers naar de machinist brengen. Henri kan ze ter plekke verbranden. Hoe lijkt je dat?"

De trein in inmiddels tot stilstand gekomen en we lopen buitenom naar Henri toe. Hij opent het luik van de verbrandingsoven en ik doe de 1^{e} koffer erin. Tot mijn verbazing blijkt de koffer erin te passen. Op dat moment ontstaat er een grote witte vlam, begeleid door allerlei zilveren vonken. Dan ziet de oven er weer uit als vanouds. Gevuld met steenkolen. "Nog een keer doen?". Ik vind het wel wat, dus met enthousiasme geef ik de volgende koffer aan. Weer ontstaat er zo'n waanzinnig grote vlam. Dit is toch zo geweldig! De beide heren kijken me stralend aan. "Wat denk je?" vraagt Henri aan Marty. "Dat verdient toch wel iets speciaals! Dit is de volgende stap aangaande het weggooien van overtollige bagage die anderen bij je hebben neergezet en achtergelaten."

Henri kijkt me aan en vraagt me vervolgens of ik de schatkaart nog heb. Jawel, natuurlijk heb ik die! Ik haal het doek met daarop de kaart voorzichtig uit mijn binnenzak. Henri pakt de kaart aan en spelt een woord dat erop staat: "Vrijheid". Het woord begint meteen te stralen. Ik weet niet wie er meer straalt, de pin of ik, maar wat voel ik me nu goed. "Kom we gaan terug naar je coupé! Eens kijken of we nog meer kunnen uitzoeken dat weg kan!"

We lopen terug en de trein komt langzaam weer op gang. Onmiddellijk merk ik dat er aanzienlijk meer snelheid is. Terwijl ik op de bank zit, dromen mijn gedachten weg. Wat zou het fijn zijn om op een stevige manier voor mezelf op te kunnen komen. Ik kijk nog eens naar de pin met het woord “vrijheid” erop. Waar bestaat vrijheid eigenlijk uit voor mij? Ik trek het schrijfblad uit de muur en zie dat er al wat opgeschreven staat. “Vrijheid is voor mij…” en ik schrijf op:

- Opkomen voor mezelf;
- Rustig mijn gang kunnen gaan;
- Kunnen genieten van wat ik aan het doen ben en vooral kunnen blijven genieten.

11. VRIJHEID

Ik realiseer me tegelijkertijd dat het méér is. Vrijheid is óók mezelf kunnen ontwikkelen om mijn dromen te kunnen verwezenlijken. Op dat moment vraag ik me af wat ik nu eigenlijk altijd heb willen doen.

Als ik mijn ogen dichtdoe ga ik terug naar mijn kindertijd. Ik was altijd iemand die graag mijn eigen gang ging en daarbij creatief bezig was. Als ik dingen kon bedenken en creëren, vond ik dat geweldig. Ik besef me dat ik dat al een tijd mis. Ik doe er zo goed als niets meer mee. Er is geen creativiteit op mijn werk, ik doe geen creatieve dingen in mijn vrije tijd en thuis is het eigenlijk ook maar een saaie bedoening. En dat hoort niet bij mijn avontuurlijke inslag.

Ik neem me ter plekke voor om de reis naar de sterren te gaan vastleggen als ik thuiskom. Mensen zullen er misschien wel raar van opkijken, maar dat is niet erg. Het is mijn verhaal en als ik daar anderen mee kan inspireren vind ik het allang prima. Ik besluit een start te maken door wat schrijfmateriaal te gaan zoeken in mijn overgebleven bagage.

Terwijl ik de tassen overhoop haal, zie ik tot mijn verbazing van alles behalve spulletjes waarmee ik me creatief kan uitleven. Wat is er gebeurd met mijn pennen, potloden en tekenblokken? Er zijn geen schriften of stiften. Helemaal niets!

Op de koffers staan labels die letterlijk ladingen weergeven. Het zijn de dingen die anderen aan mij gevraagd hebben te doen. Dingen voor het werk, dingen in mijn privé leven. Dingen waarvan ik me afvraag wat ze nu echt betekenen voor die ander. Ook deze labels laten beelden zien van situaties. Als ik de filmpjes bekijk, zie ik hoe ik steeds mezelf opzij heb gezet om het anderen naar de zin te maken. Ik heb me nooit afgevraagd wat ik wilde, alleen wat de ander wilde.

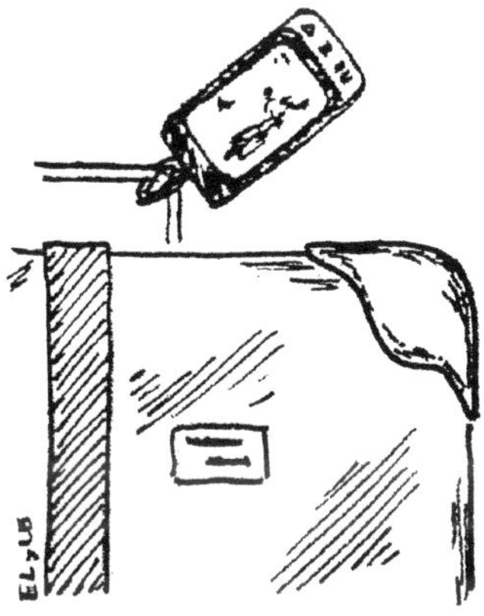

Iedereen om mij heen zag de dingen die ik gedaan heb blijkbaar als vanzelfsprekend. En waar het mij veel moeite kostte om ze uit te voeren, had iedereen het ook zelf kunnen doen maar dan met veel minder moeite. Dan zou ik tijd voor mezelf hebben kunnen overhouden om die dingen te doen die ik al zo lang wilde doen, zoals creatief bezig zijn.

Op dat moment besluit ik niet zomaar meer dingen voor een ander te doen. Vanaf nu ga ik eerst na wat er nodig is en dan of ik tijd heb (en zin) om de ander te helpen. Wil ik anderen kunnen helpen dan is het van groot belang dat ik eerst zelf goed in mijn energie zit! Dat kan alleen als ik beter naar mezelf ga luisteren en ook eens leuke (en belangrijke) dingen voor mezelf ga doen!

12. DE WENSWAGON

Ik trek weer aan het dikke koord en hoor in de hele trein de bellen rinkelen. Dit keer verschijnt er iemand anders, een dame genaamd Sanne. Zij blijkt de gastvrouw van de trein te zijn. Ze vraagt of alles naar mijn zin is en of ik misschien nog iets wens. Mijn ogen worden groot van verbazing. Wat is het is lang geleden dat iemand mij heeft gevraagd wat ik wilde doen! Zij ziet mijn lichte verwarring en geeft me een stralende glimlach.

Vervolgens valt haar oog op mijn bagage gevuld met klusjes voor anderen en zonder een moment te aarzelen neemt ze deze van me over. Ze plaatst ze op een trolley en geeft me een wensbon terug.

Sanne kijkt me eens goed aan en vertelt me dat ik deze bon kan inwisselen voor alles ik nodig heb om mijn zojuist gewenste droom te gaan realiseren. “Denk goed na over wat je gaat kiezen. Deze bon is bedoeld voor jou en daarmee alleen voor jou! Met deze bon kun je alles krijgen wat je nodig hebt om dat wat je altijd hebt willen doen uit te gaan voeren. Als jij creatiever bezig wilt zijn, dan kan dat! De bagage die je hebt ingeleverd geeft ruimte voor nieuwe kansen. Kansen zijn soms heel duidelijk zichtbaar zoals nu maar wanneer je er weinig aandacht aan besteed, worden ze steeds minder goed zichtbaar. Ze zijn er nog wel, maar lijken steeds meer op te gaan in de achtergrond. Pas als we er weer aandacht aan besteden, komen ze weer luid en duidelijk tevoorschijn.

Sanne kijkt me eens goed aan en vertelt me dat ik deze bon kan inwisselen voor alles ik nodig heb om mijn zojuist gewenste droom te gaan realiseren. “Denk goed na over wat je gaat kiezen. Deze bon is bedoeld voor jou en daarmee alleen voor jou! Met deze bon kun je alles krijgen wat je nodig hebt om dat wat je altijd hebt willen doen uit te gaan voeren. Als jij creatiever bezig wilt zijn, dan kan dat! De bagage die je hebt ingeleverd geeft ruimte voor nieuwe kansen. Kansen zijn soms heel duidelijk zichtbaar zoals nu maar wanneer je er weinig aandacht aan besteed, worden ze steeds minder goed zichtbaar. Ze zijn er nog wel, maar lijken steeds meer op te gaan in de achtergrond. Pas als we er weer aandacht aan besteden, komen ze weer luid en duidelijk tevoorschijn.

13. MIJN EIGEN PERSOONLIJKE SCHAT

Niet lang daarna komt Sanne weer terug en neemt me mee naar een andere wagon. Er staat een bordje op de deur “Wishwagon”. Wat leuk. Een “Wenswagon”. “Als je naar binnen gaat, denk dan alleen aan jouw wens. Gaat dat lukken?”. Ik knik weer en ben benieuwd wat me te wachten staat. De verrassing is groot als ik de wagon binnentreedt. De wagon zit vol met spullen die ik kan gebruiken om creatief bezig te zijn. Het is gevuld met tekenspullen, handwerkspullen, maar ik zie ook een laptop, voorzien van allerlei handige programmatuur.

Ik wil iets hebben wat ik makkelijk kan meenemen en waar ik alle kanten mee op kan. De keuze valt voor mij op de laptop. Ik kijk Sanne aan of het echt mag. Zij vindt het prima. Een waarschuwing is nog wel op zijn plaats. “Pas op dat je de laptop niet voor anderen gaat gebruiken of door anderen laat gebruiken, want dan heb je niets meer voor jezelf”. Dat is een waarschuwing die ik ter harte neem. Sanne geeft me tenslotte een sticker van een poolster. Het is dezelfde ster die op de schatkaart staat én op de bovenkant van de kompas. De bedoeling is duidelijk. Ik plak de sticker met aandacht op het deksel van de laptop. Daarmee is het echt mijn laptop geworden.

Ik installeer me met mijn nieuwe glanzende laptop op de bank in mijn coupé. Wat ziet deze er eigenlijk mooi uit! Ik zie nu pas dat waar de sticker zat er een gravering is ontstaan. De poolster is nu ingegraveerd in de laptop en ik zie deze zachtjes gloeien en glinsteren, alsof deze me wil laten weten dat ik me op de goede weg bevind. Zo voelt het ook. Het voelt alsof ik zojuist een geweldige overwinning heb behaald.

Als ik de laptop openklap realiseer ik me pas wat voor juweeltje ik heb meegekregen. Het staat boordevol met tekenprogramma's en andere programma's waar ik me volledig op kan uitleven. Ik kan stukken schrijven, logo's maken, geluid bewerken. Als ik het maar kan verzinnen, is het mogelijk. Dit is toch een magnifiek geschenk!

Op dit moment neem ik me voor dat echt niemand anders aan deze laptop mag zitten. Dit is mijn schat en tevens de sleutel naar mijn toekomst. Dat is opmerkelijk. *De sleutel naar mijn toekomst.* Zou dit de sleutel kunnen zijn? Of is dit wellicht de eerste sleutel? Terwijl ik naar de laptop kijk, zie ik aan de binnenkant naast het scherm een sleutel ontstaan, die begint op te gloeien. Dit is zeker één van de sleutels. Ik realiseer me dat er nog veel meer gaan volgen en ik voel hoe de opwinding in mijn lijf toeneemt. Dit begint een geweldig avontuur te worden!

14. INZICHTEN

Het eerste wat ik doe, is alles intypen wat ik zojuist heb ervaren. Vanaf het moment dat ik wakker werd vanmorgen, of beter gezegd vanaf het moment dat ik gedroomd heb over deze reis, tot en met het zojuist verbranden van mijn bagage én het verkrijgen van dit prachtige geschenk. Het zet me aan het denken. Wat heeft dit allemaal precies te betekenen? Er zit absoluut logica in, alleen weet ik nog even niet hoe het werkt.

Een andere gedachte komt in me op: Hoe ga ik in de toekomst om met anderen die aan me trekken, of beter gezegd als ik aan me laat trekken…? Ik laat aan me trekken… of niet? Wederom heb ik het gevoel van een "lightbulb-moment", een "Aha-erlebnis". Dat anderen mij vroegen dingen te doen en daarmee aan me trokken, heb ik wel zelf laten gebeuren. Het is niet zo dat iedereen het altijd maar vanzelfsprekend vond dat ik van alles voor ze deed, dat is in de loop van de tijd ontstaan. Als ik iets wil bereiken voor mezelf, dan is het belangrijk om de anderen aan te geven dat ik de dingen nu anders ga aanpakken.

Ik zit te piekeren over hoe ik dit alles het beste kan gaan doen. Oh jee. Hoe ga ik dit doen? Ik heb totaal geen idee. Zou ik Sanne kunnen roepen?

15. EEN CONFRONTERENDE TEKENING

Schijnbaar heeft ze het gehoord want de deur naar de coupé wordt opengeschoven en ze komt tegenover me zitten.

Sanne kijkt me aan en vraagt hoe het met me gaat. Dan vervolgt ze: "Wat heb je nodig om je droom verder te verwezenlijken?" Ik weet het niet en ik leg haar uit dat ik geen idee hoe ik mijn droom kan gaan realiseren. Kan zij me helpen? Sanne geeft me een grote glimlach en zegt "Maar natuurlijk kan ik je helpen! Daar ben ik voor." Ze opent een deurtje in de wand achter de bank en pakt er een groot vel papier uit. Ik bedenk me dat het verbazingwekkend is wat er allemaal verborgen blijkt te zijn in deze trein. Sanne legt het vel papier neer op het tafelblad en begint te tekenen. Al snel begint ze te vertellen.

Ze geeft me uitleg over deze reis. Eerst schetst ze alle koffers en tassen in het midden van de rechterzijkant. Daaronder tekent ze mij. Ik tors al deze lading mee op mijn schouders. Ai, dat is zacht gezegd zeer confronterend. Ze tekent me zodanig dat ik zie dat ik bijna bezwijk onder de lading. Dit zijn geen schoteltjes in de lucht houden - wat al moeilijk genoeg is - maar hele ladingen meesjouwen! Oh ja, kijk… daar komen de schoteltjes. Met één hand heb ik de bagage vast, in de andere hand tekent ze een aantal stokjes met daar bovenop schoteltjes, die ik letterlijk in de lucht probeer te houden. Vervolgens schrijft Sanne er woorden bij. De woorden hebben betrekking op mijn werk, mijn gezinsleven, familie en vrienden. Elk schoteltje bevat een woord met een eigen lading. Sanne maakt deze lading duidelijk door nieuwe tassen en koffers te tekenen bovenop de schoteltjes die ik - in de tekening - in de lucht probeer te houden. Langzaam wordt me duidelijk wat ze aan het schetsen is. De eerdere afgesproken acties blijken immens veel impact te hebben op mijn leven.

Het wordt me steeds duidelijker dat ik dit niet langer meer wil. Ik wil vrijheid. Vrijheid van keuze om de dingen te doen waar ik zelf zin in heb. Vrijheid van beweging om te doen wat goed voelt en ook aan mezelf toekomen. Ik stop met dingen beloven aan anderen die ze ook heel goed zelf kunnen doen. Als ik ze al kan waarmaken, kost het me alle energie die ik heb en op die manier hou ik geen energie meer voor mezelf over. Dat kan nooit de bedoeling zijn!

16. GROTE OPRUIMING

"Wat denk je?" Sanne kijkt me aan met een grote glimlach. "Zullen we die schoteltjes eens uit het raam gaan smijten?". Ze trekt een tas uit de stapel en ik hoor het geluid van allerlei schoteltjes. Ik pak de tas aan en zie dat elk schoteltje een woord (met lading) bevat net zoals op de tekening. Sanne opent vervolgens het raam en geeft hierna het goede voorbeeld door één van de schoteltjes uit het raam te gooien. Voor ik er erg in heb gooi ik de schoteltjes één voor één uit het raam. Hoe meer ik er uit het raam gooi, hoe blijer ik word. Ik begin zelfs te joelen!

Op hetzelfde moment begint het achter me en boven me te rommelen en ik kan nog net op tijd opzij duiken. Voor ik het doorheb, komen er een groot aantal koffers en tassen naar beneden gezet. Op de labels staan dezelfde woorden als op de schoteltjes. Ik kijk Sanne wat verschrikt aan. Dit had ik niet verwacht. Met het verdwijnen van de schoteltjes kan ik niet langer meer de ladingen in de lucht houden en deze zijn zojuist naar beneden komen zetten. De dingen in deze trein komen letterlijk tot leven!

"Zin om even een luchtje te scheppen?" vraagt Sanne lachend. "Nemen we gelijk even de koffers mee!". Ik vermoed wat ze wil gaan doen en ik volg haar terwijl ik de koffers achter me aansleep. Wat een gewicht. Dit is niet een dood paard, dit zijn wel vijf dooie paarden!!!

Met veel moeite krijg ik de koffers op het balkonnetje. Ik zie dat we ons opeens hoog boven een ravijn bevinden. Dit is het perfecte moment om de koffers het ravijn in te smijten en dan lekker uit elkaar te laten spatten tegen de rotsen! Op het moment dat ik me dit voornemen maak, voel ik hoe ik begin te lachen en daarmee nemen mijn krachten opeens enorm toe.

Ik pak de 1e koffer en gooi deze met het grootste gemak over de reling en in het ravijn. De koffer spat uit elkaar op de rotswanden en er ontstaat een grote explosie van vuurwerk. Het is een prachtig gezicht! Tegelijk hoor ik achter me luid lachen en applaus. Sanne en Marty vinden het prachtig en moedigen me aan om door te gaan. Het voelt zo goed, dat ik besluit er nog een paar naar beneden te gooien en voor ik het door heb, heb ik alle koffers en tassen - die ik tot voor kort nog zo moeizaam in de lucht had gehouden - in het ravijn gegooid. De explosies die door de uit elkaar barstende bagage ontstaan zijn geweldig om te zien. De ene is nog mooier dan de andere!

Vervolgens hoor ik de fluit blazen. Henri viert de overwinning mee vanuit de machinekamer! Er ontstaat een prachtige tekening in de lucht als de stoom van de trein zich vermengt met de wolken afkomstig van de explosies. Als ik goed kijk zie ik een sleutel ontstaan met daaronder het woord “vrijheid”. Het is waar, ook dit loslaten voegt weer toe aan mijn gevoel van vrijheid. Heerlijk!!!

17. OVERZICHT

Terwijl ik van het uitzicht geniet, realiseer ik me dat ik niet alleen een mooi uitzicht heb waar ik van geniet maar dat er met het uitzicht ook overzicht ontstaat.

Marty kijkt me aan en zegt het volgende tegen me: “Als je ergens genoeg van hebt, kun je er ook voor kiezen om het terug te geven of weg te gooien”. Dat zijn ware woorden. Als ik iets niet langer meer wil hebben of doen, kan ik ermee ophouden en het teruggeven. Mocht ik het niet hoeven terug te geven, dan kan ik er mee doen wat ik wil. Dat betekent ook dat ik de dingen niet langer meer bij me hoef te houden. Vanaf nu maak ik zelf de keuze wat ik wel en niet wil doen. Wat een vrijheid geeft dat!

Op dat moment is er weer een luid gerommel hoorbaar en voor ik het weet lijkt er een complete lading koffers en tassen het balkon te overspoelen. Er is een deur van een wagon met bagage opengeklapt en alles is met een donderend geraas op het kleine balkonnetje terecht gekomen. We kunnen onszelf nauwelijks meer staande houden. Maar wat een lol hebben we! Marty, Sanne en ik zijn aan het schateren. Schijnbaar heeft Henri het ook gehoord, want ik hoor het geluid van de fluit van de stoomtrein alsof deze met ons meelacht.

Op dit moment voel ik me onoverwinnelijk. Wat een goed gevoel geeft dit! Het is heerlijk om zo hoog boven alles uit te torenen en ondertussen dit gevoel te ervaren. Eén ding weet ik zeker, wat er ook gebeurt, dit gevoel zal ik altijd met me meenemen!

Marty onderbreekt mijn gedachten. “Wat denk je ervan? Zin in nog een rondje lading dumpen? Ik heb hier overigens ook wat anders. Het is een klein voetzoekertje. Als je dit te midden van de koffers laat landen, zul je zien dat deze het hele spoor wegvreet, alsof het er nooit geweest is. Alsof je de verplichtingen nooit bent aangegaan.” Dat lijkt me wel wat en ik neem dankbaar de voetzoeker aan van Marty. Ik leg de voetzoeker op de berg met koffers en zie hoe de voetzoeker uit zichzelf ontvlamt en in no-time alle koffers lijkt te verteren. Het enige wat nog zichtbaar is, is een spoor van kleine, witte vlammetjes die door lijkt te lopen tot in de wagon. Ik word opgeschrikt door een harde knal. De wagon met de bagage lijkt te exploderen. Ik kijk met grote schrikogen naar de wagon waar eerder de bagage uitgevallen was en zie dat deze opeens mooi verlicht is. Het is helder en overzichtelijk. Er ligt nog maar één ding. Een sleutel. Marty strekt zijn hand uit en de sleutel komt in zijn hand gevlogen.

Marty biedt me een nieuwe sleutel aan. Als ik het goed bekijk, zie ik dat het een USB-stick is dat ik kan gebruiken voor mijn laptop. Marty kijkt me aan en zegt "Dit is een lichtere vorm van bagage die ook nog eens veel flexibeler is. Wanneer jij ergens genoeg van hebt, kun je ervoor kiezen het te "deleten". Ben je er gelijk vanaf. Scheelt weer wat extra lading en herrie!". En met een brede glimlach legt hij de USB-stick in mijn hand.

18. FEEST!

Sanne slaat een arm om me heen. "Gefeliciteerd! Je bent weer een stapje dichter bij je eigen dromen en verlangens gekomen!. Tijd voor een feestje!!!".

We gaan naar binnen en gaan een andere coupé binnen. Het blijkt een feestcoupé te zijn. Het is toch geweldig wat er allemaal aanwezig is in deze trein. Eerst een wenscoupé en nu weer een feestcoupé. Het is opmerkelijk hoe ogenschijnlijk uit het niets van alles zichtbaar kan worden als je maar weet waar te kijken en hoe er te komen!

Op het moment dat we in de feestwagon willen stappen begint de trein opeens heftig te schudden. Ik kijk het raam uit en zie tot mijn verbazing dat de trein loskomt van het spoor. We vliegen in de lucht!!! Nu we zoveel bagage kwijt zijn, kan de trein echt snelheid maken omdat wij niet langer meer gebonden zijn aan de zwaartekracht. Niets kan ons meer omlaag trekken. We zijn vrij!!! Wat een geweldig gevoel. Ik schreeuw het uit van plezier en hoor hoe Henri nog eens een paar keer de fluit laat blazen. "Fuuuuuuuuuuuut fuuuuuuuuuuuut". Het is het mooiste geluid wat ik ook heb gehoord. Het is lang geleden geweest dat ik me zo buiten zinnen en blij heb gevoeld!

De feestwagon is versierd met ballonnen en slingers. Het ziet er gezellig uit. Om het extra feestelijk te maken wordt me een glas met bubbels aangeboden. Bubbels waar ik een beetje licht van in mijn hoofd word en nog vrolijker. Langzaam begint de wereld te draaien en het lijkt alsof de wagon verandert. Was dit niet de wagon waar eerder de bagage was geëxplodeerd? Gelijk daarna verandert de wagon opnieuw. Ik neem een sterrenhemel waar. Een sterrenhemel met daartussen sleutels.

19. EEN WAGON VOL INSPIRATIE

Als ik het plafond van de wagon goed bekijk, zie ik niet alleen een sterrenhemel, maar ik zie ook dat er woorden oplichten naast de sterren. Het zijn prachtige woorden zoals “zelfvertrouwen”, “vrijheid”, “daadkracht” en “doorzettingsvermogen”. In een andere hoek van de wagon zie ik woorden die horen bij “creativiteit”, zoals “inspiratie” en “communicatie”, maar ook “inventiviteit”.

Ik verbaas me over het woord COMMUNICATIE. Dan komt Sanne naast me staan. Ze legt me het volgende uit:

“Creativiteit is het gevolg van inspiratie vanuit de wereld om ons heen. Kijk maar eens naar de sterren en de planeten zoals de zon en de maan. Hoeveel verhalen zijn er wel niet geschreven rond deze hemellichamen? Denk maar eens aan het mannetje in de maan. Of de sterren aan de hemel die symbool staan voor onze overleden dierbaren.

Sinds vannacht heb je al over vele sleutels gedroomd. Je hebt ze gezien en er zelfs al een aantal ontvangen. Deze sleutels staan symbool voor bepaalde gedachten. Gedachten die gevoed worden vanuit inspiratie. Gedachten die leiden tot creativiteit en daarmee tot inventiviteit. Sleutels kunnen staan voor oplossingen, maar ook voor het ontsluiten van bepaalde antwoorden.

Zo dacht men vroeger dat de aarde plat was en dat de zon om de aarde draaide. Pas na vele eeuwen kwam men erachter dat de aarde rond is en om de zon heen draait. Het idee om anders naar de aarde te kijken is ontstaan vanuit een gedachte, dan wel een gevoel dat plaatsvond tussen het universum en de mens. De ontvanger ervoer hierbij een soort van “*flow*”. Men spreekt niet voor niets over “in een *flow* zitten”. Daarmee bedoelt men dat men zich geïnspireerd voelt en hierdoor in een bepaalde staat van creativiteit en inventiviteit komt dat leidt tot nieuwe ontdekkingen en daarmee ook weer nieuwe creaties.

De *flow* van gebeurtenissen heeft er bij jou voor gezorgd dat je nu in deze stoomtrein zit. Voorts dat je tijdens deze reis in de trein allerlei inzichten en ideeën krijgt. Je verlangen naar creativiteit heeft vandaag opnieuw een "boost" gekregen. Communicatie is een heel subtiel gebeuren. Wanneer je bent afgestemd op het ontvangen van deze subtiele signalen, zul je merken dat er allerlei ideeën en gedachten kunnen binnenkomen waar je niet eerder van hebt gedroomd. Door het openstaan hiervoor en het laten binnenkomen van deze inspirerende stroom van gedachten blijkt keer op keer dat zelfs het onmogelijke wel degelijk bereikbaar is.

Als mens zijn we er echter goed in om het laten binnenkomen van signalen te blokkeren met andere dagelijkse activiteiten die we "moeten" doen. Maar voor wie eigenlijk? En vooral van wie? Vandaag is de dag dat jij de kans krijgt om na te denken over wat het is wat jij nou eigenlijk echt wil. En om je daarbij te helpen zijn er allerlei woorden zichtbaar op het plafond van deze coupé.

Zie jij hier woorden bij die je zou kunnen gebruiken? Misschien bepaalde waarden of bepaalde eigenschappen?" Ik antwoord: "Ik zou best eens wat meer bij mezelf willen blijven. Ik ben nogal snel geneigd met de ander mee te gaan." "Standvastigheid?", vraagt Sanne. "Dat klinkt goed", antwoord ik weer. In de hoek van het plafond van de wagon begint opeens een ster te flonkeren.

Sanne vraagt me mijn hand uit te strekken en de ster komt los van het plafond. Vervolgens zweeft deze door de wagon naar me toe en komt neer in mijn hand. Wat bijzonder! Alles is mogelijk als je er voor openstaat. Als ik iets leer tijdens dit avontuur dan is het dat dingen wel degelijk kunnen veranderen.

Sanne onderbreekt mijn gedachten. “Inderdaad is alles mogelijk. Vraag is in hoeverre je je laat beïnvloeden en meeslepen door de omstandigheden of dat je bij je zelf blijft. Dit is daarmee een geweldig souvenir voor je. Kijk maar wat er op de ster staat!”. Er staat “standvastigheid” op. Heel toepasselijk. Sanne vervolgt: “Neem deze ster mee en stop deze bij terugkomst in je schatkist. Zo kan je altijd vasthouden aan de doelen die jij je hebt gesteld, ook al lijken de omstandigheden je tegen te spreken. Deze ster zal je helpen herinneren dat je alles wat jij wilt altijd kan bereiken!”. Sanne geeft me een grote glimlach en loopt de wagon uit.

20. VERTROUWEN

Weer alleen, gaan er heel wat gedachten door me heen. Het verhaal met betrekking tot standvastigheid, de realisatie dat alles mogelijk is als je je niet laat afschrikken door omstandigheden en dan de schatkist…

Hoe weet ze van de schatkist? Waarom niet? Ze lijken hier alles te weten! En wat bedoelt ze met terugvinden en blijven herinneren?

Ineens is Sanne er weer. Ze lijkt mijn gedachten mee te kunnen lezen. "Mensen zijn goed in het maken van voornemens. Kijk maar naar het nieuwe jaar. We nemen ons dan van alles voor. Er wordt over geschreven in tijdschriften en ook onderling vragen mensen elkaar elk jaar opnieuw of men voornemens heeft gemaakt. Het feit dat men dit elk jaar opnieuw doet, geeft veel aan. Het geeft aan dat het voornemen van veranderingen in je leven iets is waartoe we ons willen laten overhalen of verleiden. Het volhouden van deze voornemens is echter een heel ander verhaal. Hoeveel mensen voeren daadwerkelijk hun voornemen uit? Als men het uitvoert, hoe lang houdt men het dan vol? Er is altijd weer een excuus om er niet meer mee door te hoeven gaan. Oude, ingesleten gewoontes zijn immers makkelijker om op terug te vallen dan standvastig bij de nieuwe voornemens te blijven. Daarom is het goed om er af en toe aan herinnerd te worden. Op die manier blijf je bij je voornemen en laat je je niet afleiden door omstandigheden of gemakzucht."

Ik luister geboeid naar wat zij verteld. Maar ze heeft nog meer. "Heb je je al weleens afgevraagd waarom jij al die sleutels krijgt?" Nee, dat had ik nog niet. "De sleutels helpen je om de informatie te ontsluiten die je nodig hebt om bij je eigen dromen en verlangens te kunnen komen. Inclusief alle bijbehorende eigenschappen én benodigdheden.

Wat heb je nog meer nodig?" Opeens komt het woord VERTROUWEN in me op. Vertrouwen om te geloven dat het goed genoeg is wat ik doe. Maar ook vertrouwen dat dingen ook écht anders kunnen. Vertrouwen dat wat ik nu meemaak ook echt waar is! Sanne kijkt me aan alsof ze mijn gedachten meeleest en blij is met wat er in mij opkomt. Ze antwoord: “Dat is een mooi en bijzonder woord “vertrouwen”. Het is niet een gemakkelijk woord. Het heeft een delicate lading. Het kan veel steun geven, maar bij gebrek eraan, wordt de wereld erg donker en wordt het een moeilijke plaats om in te leven. Vertrouwen kan je helpen om bij jezelf te blijven als anderen je willen afleiden of als er geen support of geloof in jou is. De vraag is daarmee wat “vertrouwen” jou kan geven. Nogmaals een goede keuze, maar eentje die aanzienlijk meer uitleg, moed en ondersteuning vergt vanuit jezelf dan een woord als “standvastigheid”.

Strek je hand maar weer uit en ontvang deze eigenschap. Als je je doek met schatkaart uitvouwt, zul je zien dat je beide sterren kan plaatsen op de getekende sterren in het doek. Doe het maar!”. Ik pak beide sterren en leg ze op de getekende sterren in het doek. Vrijwel gelijk worden ze één met de vormen in het doek. De woorden lijken geborduurd in de sterren. De schatkaart begint met elk woord en elke eigenschap meer tot leven te komen.

We stappen samen naar buiten, de wagon uit. Als ik op het balkon sta, zie ik dat het inmiddels donker is buiten. De sterren lijken steeds dichterbij te komen, maar het zal nog wel even duren voor we er zijn. Sanne spreekt me aan en onderbreekt mijn gedachtestroom. “We hebben nog wat werk te doen! Ga je mee terug naar je coupe?”. Ik knik instemmend en volg haar terug naar binnen.

21. DE DROMENONTWERPER

Bij de wagon aangekomen zie ik opnieuw het grote tekenvel liggen. Ik zie dat er dingen zijn veranderd. Tot mijn verbazing zijn de koffers verdwenen en zie ik mezelf getekend als iemand die krachtig en stevig staat. Iemand die standvastigheid lijkt uit te stralen en vertrouwen in de dingen die gaan komen. Ook iemand die voor vrijheid lijkt te gaan en van alles aan het onderzoeken is. Het woord dat opnieuw bij me opkomt is CREATIVITEIT. Door te onderzoeken is er ruimte voor het ontstaan van nieuwe ideeën, een belangrijke motivator achter creativiteit.

Sanne tekent een vergrootglas en een verrekijker op het papier. Door het vergrootglas lijkt de wereld er heel anders uit te zien. Dan volgt er een telescoop. Een hele bijzondere, waarmee de sterren heel dichtbij kunnen worden gehaald. Opeens zie ik een jonge versie van mij over het papier rennen. Deze versie is vreselijk nieuwsgierig en wordt heel erg blij van de telescoop. De jonge versie is een jonge onderzoeker in de dop. Blij met alle nieuwe informatie. Ik zie hoe ik druk begin te tekenen. Er ontstaan complete modellen. Nooit geweten dat ik zo creatief kon zijn! Als de tekening op het grote tekenvel klaar is, kijk ik naar een droom van vroeger. De droom om "ontwerper" te worden. Maar niet zomaar een ontwerper. Eentje die helpt om dromen van anderen uit te werken en te realiseren. Een soort "dromenontwerper" als het ware.

Sanne legt uit wat er gaande is: "Elke droom begint door bij jezelf te komen. Wanneer je ver weg van jezelf staat, vergeet je wat belangrijk is voor jou. Maar door deze reis kom jij steeds dichter bij jezelf en keren al je wensen, gedachten en dromen van vroeger terug. En wat jij wilt, is anderen bijstaan vanuit je creativiteit. Mensen terugbrengen naar hun oorsprong. Zodat ze vanuit vrijheid kunnen handelen."

Ik heb even nodig om hierover na te denken. Wow, heb ik dat ooit gezegd of gedacht? Maar dan zie ik de jonge versie van mij praten met andere mensen. Ik troost anderen, ga naast ze zitten en heb een luisterend oor. Vervolgens pak ik een toverstafje en tover hun wensen uit mijn hoge hoed.

Vaag kan ik me herinneren dat ik een goocheldoos had, met toverstaf en toverhoed. Mijn wens was toen om de wensen van anderen te helpen uitkomen. Zelfs toen ik zo klein was dacht ik eerst aan de anderen en dan pas aan mezelf. Dat voelde goed. Als anderen gelukkig waren, dan was ik het ook. Door wensen voor anderen tot leven te brengen en zo iets te scheppen, kon ik zelf creatief bezig zijn.

Ik zie woorden ontstaan op het grote tekenvel. Het is een motto: "Creativiteit creëren vanuit creativiteit". Ik vertaal het in gedachten voor mezelf. "Iets nieuws neerzetten voor een ander vanuit inspiratie". Dat is toch eigenlijk net magie? Het is net zo mooi en lijkt net zo waar als "Wonderen kunnen verrichten door wonderen te dromen".

Zou het echt zo simpel kunnen zijn? Sanne zegt: "Wij als mensen hebben de neiging om het onszelf vreselijk moeilijk te maken. Het is makkelijker om te zeggen dat iets niet kan, dan op onderzoek uit te gaan. Daarom zijn zoveel mensen enorm gedemotiveerd. Zie het maar net als met die voornemens. Om die uit te voeren zijn er veranderingen nodig. En die veranderingen, tja… die worden vaak als een onoverkomelijk obstakel gezien. Daarom is vertrouwen zo belangrijk".

Het cirkeltje lijkt rond te zijn. "Vertrouwen, herhaaldelijk vertrouwen, leidt uiteindelijk tot vrijheid". Ik herhaal dat nog eens voor mezelf "Vertrouwen leidt tot vrijheid". Innerlijke vrijheid, maar daarmee ook vrijheid in het dagelijks leven.

Ik ben verbaasd over de inspiratie die hier op de trein heerst. Het lijkt of alle antwoorden hier gewoon in mijn hoofd vallen. Als ik dit bij thuiskomst zou weten vast te houden…". Op het moment dat ik dat denk voel ik hoe de trein afremt en tot stilstand komt.

22. DE SLEUTEL

We staan stil midden tussen de sterren. En daar zie ik rechts van mij een flonkerende sleutel. De sleutel lijkt mij te roepen. De stem van de conducteur klinkt vlak achter mij. “Nu mag u uw sleutel plukken. We wachten niet voor altijd, dus een beetje vaart erachter zetten graag”.

Ik strek mijn hand uit en pluk de sleutel uit de lucht. Er staat een zin op aan de zijkant van de sleutel “Vertrouwen leidt tot vrijheid”. Dat is bijzonder. Dat heb ik net gedacht! Ik draai de sleutel om en zie staan “Creativiteit creëert creativiteit”. Op dat moment word ik me ervan bewust dat dit mijn eigen gedachten zijn, die op de sleutel geëtst zijn. Dit is mijn persoonlijke sleutel.

Marty voegt eraan toe: “En niet alleen dat. Dit is de sleutel die jou gaat helpen je dromen te realiseren. Dus wees er zuinig op!” Ik wikkel de sleutel in het doek en ga weer op de bank zitten, terwijl ik me bewust wordt van een gelukzalig gevoel. Het is het gevoel dat ik alles kan bereiken wat ik wil, als ik maar durf te dromen en durf te vertrouwen.

Op dat moment word ik overmand door vermoeidheid. Voor ik het weet ben ik in slaap gevallen. Ik merk niets meer van de reis terug naar huis.

23. HET STATION, MAAR DAN ANDERS…

Het is al licht als ik wakker word. Ik hoor het geluid van vogeltjes en krekels, vermengd met het geluid van een puffende stoomtrein die afremt. De trein komt in het station tot stilstand. Het eerst zo stille en vervallen gebouw is nu veranderd in een gebouw vol leven. Ik zie tafereeltjes die ik me nooit eerder had kunnen voorstellen. Dieren lopen het gebouw in en uit. Overal bloeien bomen en planten. Het lijkt een Walhalla in het klein. Of misschien juist wel in het groot. Dit heb ik nog nooit zo gezien.

Dan staat Henri naast me. “Kijk eens naar je bagage! Je hebt helemaal geen koffers meer bij je! Alleen nog een tasje. Je hebt het goed gedaan! Je mag trots zijn op jezelf. Alles wat overbodig was heb je of overboord gegooid of verbrand. Alleen dat wat nu nog van belang is, heb je bij je. Kijk eens wat een klein pakketje je nu bij je hebt!” Ik zie mijn rugtas met daarin een grote opgerolde tekening, de laptop, de USB-stick in de vorm van een sleutel, mijn schatkaartdoek en een handjevol sterren en nog meer sleutels. In mijn broekzak voel ik het kompas, dat zachtjes gloeit.

“Ga maar snel terug naar het strand” zegt Henri. “Daar zul je de schatkist vinden waar je al je spullen in kan opbergen. Die kun je dan mee naar huis nemen en daar alles eens rustig laten bezinken”. Ik kijk Henri aan en voel tranen in mijn ogen komen. Wat een bijzondere reis was dit. Eigenlijk wil ik nog helemaal niet weg. Dan hoor ik Marty naast me. “Kijk eens. Hier heb je twee nieuwe kaartjes. Eentje voor jou voor als je weer een nieuwe reis wilt maken en eentje voor iemand anders waarvan je denkt dat die ook toe is aan zo’n reis. We verwachten je in de toekomst weer een keer terug te zien!”

Ik pak de kaartjes aan en stop ze voorzichtig in mijn rugtas. Het zijn zandkleurige kaartjes voorzien van sterren. Ze zijn alleen nog ongebruikt. Ik kijk Sanne, Marty en Henri ieder om de beurt aan. “Dank je wel. Dit was een hele bijzondere ervaring!”. Ik geef ze een knuffel en Henri kijkt me nog even aan. “Wat denk je? Wil je zelf nog even fluiten?”

Ik loop met Henri mee en zie iedereen de trein instappen. Als ik fluit zie ik hoe overal stoom ontstaat en hoe de trein vervolgens opgaat in de rook. Ik knipper met mijn ogen, maar er is echt geen trein meer. In gedachten hoor ik echter de stemmen van Marty, Henri en Sanne die mij veel plezier en succes wensen en vooral veel vrijheid, vertrouwen en creativiteit. Ik schud mijn hoofd in ongeloof en het volgende moment ben ik op het strand.

24. DE SCHATKIST

Ik sta weer vlak bij de vloedlijn en zie de berg met zand. Er steekt wat uit. Dit keer lijkt het op een hoek van een schatkist. Ik veeg het zand weg en zie er een kistje met prachtig houtsnijwerk onder vandaan komen. De maker van dit kistje moet absoluut een zeer creatieve geest geweest zijn, die ook nog eens heel behendig was. Of misschien wel is. Dit is een puur staaltje vakmanschap.

Ik glimlach. Als ik de tijd voor mezelf neem kan ik me ook bekwamen in wat ik wil en kan ik net zo handig worden. Ik voel me weer helemaal blij worden van binnen. Ik realiseer me dat ik kan bereiken wat ik wil, als ik maar geloof en vertrouwen heb.

Het kistje is afgesloten. Toch lijk ik het slot te herkennen. Volgens mij zou één van de sleutels er weleens op kunnen passen. Bij de eerste sleutel zit ik al gelijk goed. Het kistje opent zich en ik zie allemaal mooie vakjes met uitsparingen voor sterren en sleutels. Helemaal in een hoekje ligt een kokertje. Perfect geschikt om tekeningen in op te bergen. Ik kijk naar de tekening in mijn rugzak. Waar is die gebleven? Deze stak toch een heel eind uit? Als ik goed kijk, zie ik echter hoe de tekening een klein rolletje is geworden met een strikje erom. Het past precies in het kokertje. Als laatste zie ik een uitsparing voor het kompas. Met aandacht plaats ik het kompas erin. Ik kan een glimlach niet onderdrukken. Dit is zo perfect uitgedacht!

Ik plaats het kistje bij mijn laptop in mijn rugzak. Vervolgens kijk ik op mijn horloge en zie tot mijn verbazing dat het één uur 's middags is. Het is exact 24 uur later. Er waait een stuk krant over het strand. Ik pak het op en lees een artikeltje. "Vannacht tweede nacht dat er een heldere sterrenhemel was en er wederom sleutels zijn gesignaleerd. Net als de nacht tevoren zijn de sleutels niet vastgelegd op camera."

Dan valt mijn oog op een hele kleine advertentie. Het is omkaderd met sterren en in het midden staat een sleutelgat. De tekst leest "Hiermee is de 1e reis naar de sterren een feit. U heeft de sleutels gevonden die u gaan helpen uw dromen te verwezenlijken. Mocht u nog een keer nieuwe dromen waar willen maken, komt u dan om één uur 's middags naar het dichtstbijzijnde strand. Daar zult u nieuwe instructies vinden om u naar het verzamelpunt "Station naar de Sterren"te brengen".

Als ik nog een keer goed kijk is het artikeltje verdwenen. Ik zit weer aan de keukentafel, met de krant in mijn hand. Naast me op tafel staat een prachtig bewerkt schatkistje...

DEEL TWEE

Uitleg

1. INTRODUCTIE

In dit deel van het boekje zal het verhaal uit deel één nader bekeken worden. Hierbij zal worden uitgelegd hoe ons brein werkt en daarna zal stap voor stap worden doorgenomen wat de betekenis achter de hoofdstukken is en hoe je dit zelf kan toepassen. Hieronder gaan we nader in op verschillende onderdelen die ons denken en doen beïnvloeden.

Schijnzekerheden
We beginnen met Schijnzekerheden. Hierbij leef je je leven volgens een vast stramien, zonder je af te vragen of dit wel is wat je wilt. Je bent gewend aan het cadans van de trein en dat anderen je vertellen wat wel en wat niet te doen. De trein heeft een vaste route en het enige wat jij hoeft te doen is in- en uit te stappen op het – door anderen - verwachte tijdstip.

Trigger
Er komt ergens in je leven een moment dat je gaat nadenken over wat je echt wilt. Dit kan kort of lang duren, afhankelijk van of je denkt dat het haalbaar is. Het nadenken wordt veroorzaakt door een zogeheten “trigger” in je leven. Een “trigger” is iets dat plaatsvindt en bij jou iets “gevoeligs” aanraakt.

Mindsets of overlevingsmechanismen
Of je reageert op “triggers”, heeft alles te maken met je “mindset”. Heb jij het idee dat je kan veranderen? Of zie je er geen heil in?

Mindsets zijn op een bepaald moment in je leven ontstaan toen je nog niet goed overzicht had op zaken en dingen nog niet zo goed kon beredeneren. Als gevolg daarvan is er een overlevingsmechanisme gecreëerd die is gebaseerd op emoties in plaats van op logica. Deze mindsets zijn opgeslagen in het onderbewuste deel van je hersenen, waar je alleen toegang toe hebt via emoties en je zintuigen, in plaats van via je ratio, zoals bij het bewuste deel. Als een gevolg zijn de mindsets moeilijk toegankelijk, als je er al bewust van bent, dat ze bij je bestaan.

Dromen
Wanneer je je echter bewust bent van het hebben van mindsets en dat het vaak geen bewuste keuze is geweest, dan kun je nu de keuze maken deze te veranderen. Veranderen vraagt echter een movitator. In dit geval dromen. Dromen die je krijgt tijdens je slaap, maar ook dromen gedurende de dag die je bewust kan oproepen. De dromen zorgen ervoor dat je weer achterhaalt wat je altijd (of sinds kort) had en hebt willen doen.

Ratio ⇔ Gevoel
Dat een droom een fijne droom is, herken je aan het gevoel dat je ervan krijgt. Het werkt samen met je intuïtie en daarmee met je gevoel. Overdag werken we continu met onze ratio. Alles moet beredeneerbaar zijn en vooral verifieerbaar. Maar wat als we onszelf daarmee limiteren? Wat als onze mogelijkheden zo groot zijn als we zelf durven dromen? Durf jij in te gaan tegen het gevoel van onzekerheid en te gaan voor wat je blij maakt? Of blijf je je nuchtere zelf die zegt dat de dingen niet te veranderen zijn en je op het spoor moet blijven?

Signalen
Wanneer je tot de conclusie gekomen bent dat veranderen optioneel is, dan kun je daadwerkelijk werken aan het veranderen van je mindset. Je weet wat je wilt en je weet wat je voelt, maar het is ook belangrijk om de signalen te herkennen die je naar je doel begeleiden.

Verandering mindset
Als je zowel je doel kent, de signalen herkent en je gevoel durft te volgen, dan ben je klaar voor het veranderen van de mindset. Je kan stap voor nagaan wat er is gebeurd in het verleden waardoor je op een bepaalde manier bent gaan denken, of je kan je simpelweg focussen op wat je wilt. Hierbij is het wel van belang dat je nieuwe mechanismen creëert die je gaan helpen bij het behalen van je doel.

Kwaliteiten
Om te zorgen dat de nieuwe mechanismen volledig worden benut, is het belangrijk om te kijken of je bepaalde kwaliteiten mist of dat er wellicht eigenschappen zijn die je tegenwerken. Door je bewust te

worden van je nieuwe mindset, kun je daadwerkelijk bepaalde eigenschappen omarmen of vanaf nu loslaten.

Verankering mindset
Nu is het belangrijk om vast te kunnen houden aan je nieuwe doel en je nieuwe mindset. Je wilt voorkomen dat je wordt teruggezogen in de schijnzekerheden. Dit doe je door je nieuwe mindset, je nieuwe overlevingsmechanisme te verankeren.

Opslag in de hersenen
Door je mindset te verankeren, maak je het oproepbaar. Het is niet langer meer een verborgen overlevingsmechanisme, opgeslagen in het onbewuste deel van je hersenen, maar het zit nu in het bewuste deel van je hersenen. Hierdoor kun je zowel je gevoel als je ratio toepassen, wanneer bij je mindset wil komen.

Nieuwe avonturen
Doordat je je ratio kan toepassen, kun je ook continu controleren waar je staat met je nieuwe overtuigingen en waar nodig kun je ze bijstellen. Sterker nog, je kunt vanaf nu alles bereiken waarvan jij denkt dat het goed voelt. Je hebt nu de kennis in handen en daarmee de keuze om je leven te leiden zoals jij dat wilt. Op naar nieuwe avonturen!

2. SCHIJNZEKERHEDEN

Uitleg:
Veel mensen leven hun leven volgens een vast patroon. Dag in dag uit hebben ze dezelfde routine. Eens was deze routine nuttig. Wellicht vormde het de basis van een nieuwe uitdaging. Vraag is hoe dit nu is? Voer je nu de vaste routine uit gewoonte uit? Kun je zonder routine? Leeft de routine jou, omdat anderen je deze routine opleggen zonder dat je hier enige inspraak in hebt?

Veel mensen denken dat als zij maar netjes op tijd op hun werk komen en zich aan de afspraken houden, ze altijd hun baan kunnen behouden. Is dat zo? In de huidige tijd van reorganisaties en nieuwe technologieën is niets meer zeker. Verandering is de enige constante factor en er wordt van een ieder verwacht dat deze mee verandert.

In dit boek:
De hoofdpersoon doet heel veel voor andere mensen. Daarmee heeft deze persoon het gevoel dat hij of zij nuttig werk aan het doen is. Dat geeft een bepaalde zekerheid. Vraag is of de andere personen het echter waarderen wat hij of zij doet. Daarnaast kun je je afvragen of onze hoofdpersoon zich er daadwerkelijk prettig bij voelt. Wat wellicht eens als nuttig ervaren werd, kan nu al een tijd als beklemmend worden ervaren. Daarmee is het een zekerheid die ooit heeft geholpen, maar wellicht allang geen ondersteuning meer biedt.

Vragen:

- Stap jij in de trein omdat anderen dat van je verwachten en laat jij je vervolgens naar een bepaalde locatie brengen om er op een bepaald tijdstip weer uit te stappen? Als dat zo is, met welk doel doe jij dat dan?

3. TRIGGERS

Uitleg:
Een groot deel van de mensen vinden het prettig om volgens een bepaalde routine te leven. Het geeft rust. Het geeft een bepaalde zekerheid. Wat gebeurt er als de routine wordt doorbroken? Of beter gezegd: Wat gebeurt er als de routine niet wordt doorbroken? Wanneer komt het moment van verveling? Het moment dat je denkt: Is er niet iets anders in het leven? Wil ik zo oud worden?

Triggers zijn situaties die ervoor zorgen dat de routine doorbroken wordt. Dit kan van binnenuit komen. Hierbij heb je zelf behoefte aan verandering. Het kan ook van buitenaf komen. Dan wordt het voor je beslist. De situatie gaat veranderen en jij hebt geen andere keuze dan mee te veranderen. Hoe je gaat veranderen ligt bij jou. Ga je mee in wat men van je vraagt of besluit je zelf het heft in eigen handen te nemen?

Wanneer een trigger van binnenuit komt, ontstaat er een bepaalde wens. Dit is vaak waarneembaar door een onrust in onszelf. Deze kan gevoed worden door gesprekken met anderen, door dromen of door dingen je om je heen ziet gebeuren. Denk hierbij aan mensen die plotseling wegvallen, besluiten te emigreren of een prachtige promotie maken.

In dit boek:
In het boek zijn diverse voorbeelden terug te vinden:

- De droom over de reis naar de sterren;
- Het eerste artikeltje in de krant;
- De labels aan de koffers die herinneringen terugbrengen;
- De tekening waarbij de hoofdpersoon wordt geconfronteerd met het in de lucht houden van de schoteltjes, gecombineerd met het meesjouwen van allerlei bagage;
- Snelheid van de trein.

De droom zorgde ervoor dat de hoofdpersoon ging nadenken over nieuwe mogelijkheden. Door het lezen van het artikeltje kwam de persoon in beweging. Toch had onze hoofdpersoon op dat moment nog niet door dat er van alles ging veranderen. De verandering werd aan de ene kant bewerkstelligd door de opdrachten rond de bagage:

- Welke bagage wil je meenemen en welke laat je achter?
- Welke bagage ga je wegdoen zodat er snelheid kan worden gemaakt?

Daarnaast werd er een stuk inzicht gegeven op het moment van de tekening. De tekening zorgde voor een confrontatie en daarmee voor een reële blik op het leven van onze hoofdpersoon. Pas toen deze zag hoe zijn of haar leven er echt uitzag, kon deze gaan nadenken over de vraag of dit nu wel zo prettig was. Het antwoord werd al snel duidelijk. Dit was niet de optimale, gewenste situatie.

Vragen:

- Wat doe jij als er dingen in je omgeving veranderen? Ga je mee in wat men van je vraagt of besluit je zelf het heft in eigen handen te nemen?
  Uiteraard kan het besluit ook zijn dat je het prima vindt om mee te veranderen, maar dan heb je wel zelf de keuze gemaakt!
- Als je situatie al een tijdje rustig is, voelt dit goed voor jou? Of voel je onderhuids toch af en toe wat onrust? Durf jij hieraan toe te geven?
- Heb je het gevoel dat er verandering mogelijk is?

4. OVERLEVINGSMECHANISMEN

Uitleg:
Of je daadwerkelijk reageert op 'triggers' door concrete acties te ondernemen, heeft alles te maken met je 'mindset'. Heb jij het idee dat je kan veranderen? Of zie je er geen heil in?

Mindsets zijn op een bepaald moment in je leven ontstaan toen je nog niet goed overzicht had op zaken en dingen nog niet zo goed kon beredeneren. Zo' mindset of overlevingsmechanisme wordt dan ook niet opgeslagen in het bewuste, op ratio gebaseerde deel van je hersenen, maar in het onbewuste deel. Als gevolg daarvan heb je niet zomaar toegang tot deze opslag, laat staan dat je je er bewust van bent.

Onze hersenen ontwikkelen zich vanaf het moment dat we onz nog in de baarmoeder bevinden. Wanneer we opgroeien, worden er verbindingen gelegd, we leren dingen herkennen en erop reageren en op een geven moment leren we om gebeurtenissen een juiste interpretatie te geven. Het daadwerkelijk leren begrijpen, categoriseren en plaatsen van gebeurtenissen kunnen we pas vanaf ongeveer 7 jaar oud. Op het moment dat we naar school gaan worden we hier langzaam aan in getraind.

Onze eerste indrukken en ervaringen vinden ruim voor deze leeftijd plaats. Dat betekent dat we op basis van een primaire reactie reageren, omdat we nog geen logica kunnen toepassen. Deze primaire reactie wordt gekoppeld aan de emotie van dat moment. Elke keer als er een soortgelijke gebeurtenis plaatsvindt, kan deze emotie naar boven komen en vervolgens wordt deze primaire reactie opnieuw toegepast. Als we ouder worden reageren we nog steeds op basis van deze eerste belevenis.

Met het ouder (en wijzer) worden realiseren we ons dat bepaalde overlevingsmechanismen (of mindsets) niet langer meer efficiënt voor ons werken. We willen er het liefst vanaf. De strategie is immers gebaseerd op wat we op dat moment - van ontstaan van deze strategie - wisten. Het mechanisme is niet meegegroeid met de ontwikkelingen van het individu en houdt daarmee op een moment het individu tegen. Daarmee kan jij als persoon wel dromen hebben en dingen anders willen maar denken dat dit niet in de mogelijkheden ligt, omdat deze steeds door jou zelf lijken te worden tegengehouden.

In dit boek:
In het boek worden een aantal situaties genoemd:

- Spelen in de zandbak
- Het treintje op het schoolplein

Wanneer de hoofdpersoon aan het spelen is in de zandbak, wordt het spel wreed verstoord door de aanwezigheid van andere kinderen. De kinderen hebben waarschijnlijk geen idee dat ze onze hoofdpersoon uit zijn of haar spel halen, het gebeurt echter wel. Vervolgens wordt de persoon ook nog eens beroofd van het speelgoed en daarna zomaar naar binnen gedragen. Op dat moment leert onze hoofdpersoon dat als er anderen aan komen, ze feitelijk alles maar kunnen doen. Niet deze kinderen worden gestraft maar de persoon zelf. Deze wordt immers uit de zon naar binnen gehaald.

Hetzelfde geldt voor het treintje op het schoolplein. Hierbij ervaart de hoofdpersoon dat deze niet mag spelen want op het moment van spelen wordt hij of zij al weer naar binnen gehaald.

Vragen:
- Weet jij zeker dat je bepaalde dingen niet of nooit kan doen?
- Zou het kunnen zijn dat jij denkt dat je het niet kan omdat iets je steeds lijkt tegen te houden?
- Zou het zo kunnen zijn dat wat jou tegenhoudt, veroorzaakt is door iets wat je vroeger hebt meegemaakt? Zijn de bijbehorende gedachten dan wel de ultieme waarheid?

5. DROMEN

Uitleg:
Als kind hebben we allerlei dromen en wensen over wat we zouden willen worden. Sommige kinderen willen dierenarts worden, andere danser(es), sommigen zien zichzelf op het podium als artiest.

Wanneer je op school zit wordt er op een gegeven moment van je gevraagd een richting te kiezen passend bij je toekomstige beroepskeuze. Vraag is of die keuze overeenkomt met je vroegere dromen of dat je een keuze maakt die 'veiliger' is, bijvoorbeeld omdat er meer werkgelegenheid in is of omdat je er in kan doorgroeien, dan wel meer mee kan verdienen.

Tegen de tijd dat we eenmaal werken is de vraag of we ooit in het beroep terecht zijn gekomen dat we ooit voor ogen hadden, of dat we bij toeval bij een bepaald bedrijf in een bepaalde richting zijn gerold.

Veel mensen komen op een bepaald punt in hun leven dat ze zich afvragen of dit het nu is. Dit heeft vaak te maken met de dromen. Er is weinig uitzicht op verandering, verbetering of doorgroei en men vraagt zich af hoe nu verder te gaan. Vroeger sprak men van een midlifecrisis, tegenwoordig is dit verschijnsel al zichtbaar bij dertigers. Daarnaast is het niet langer meer 'normaal' om je hele leven bij één bedrijf te werken, waardoor de vraag "hoe nu verder" eerder in je leven voorbij komt dan het vroeger gedaan zou hebben. Combineer dit met het vluchtige in deze tijd waarin continu alles anders is en er vaak verwacht wordt dat we van alles tegelijk kunnen doen (het betere multitasken) en het is begrijpelijk dat al vroeg in ons leven een bepaalde onrust ontstaat, die tot bepaalde verlangens leidt.

In dit boek:
In dit boek wordt gesproken van een aantal dromen:

- De reis naar de sterren;
- De droom van de dromenontwerper.

Dromen kunnen 's nachts plaats vinden, maar ook op de dag. In het geval van de reis naar de sterren, was het een droom die 's nachts plaatsvond. Deze droom gaf aan dat er dingen anders zouden kunnen.

De droom van de dromenontwerper was een stuk concreter. Hierbij zag de hoofdpersoon letterlijk wat hij of zij nou eigenlijk altijd al had willen doen. Dingen ontwerpen. Soms is er een iemand nodig die je aan de hand neemt om jou te laten ervaren wat het is wat jij nou altijd graag had willen doen. In dit boek help Sanne, de gastvrouw, onze hoofdpersoon op weg.

Vragen:

- Waar heb jij altijd van gedroomd?
- Is er de laatste tijd iets in jouw gedachten gekomen waar je mee aan de slag zou willen?
- Wat heb jij laten gaan of niet gedaan omdat het logischer leek om een andere weg te kiezen?

6. RATIO ⇔ GEVOEL

Uitleg:
Onze hersenen is in verschillende delen op te splitsen. Het meest bekend is de verdeling in de linker- en rechterhersenhelft. De linkerkant is meestal onze dominante kant en is daarmee bepalend voor onze ratio. De rechterhersenhelft staat over het algemeen voor onze ondergeschikte kant en vertegenwoordigt als zodanig onze gevoelskant.

Doordat we vanaf de lagere school worden aangeleerd onze ratio te gebruiken (en doordat deze relatief makkelijk toegankelijk is) zijn we gewend op onze ratio te vertrouwen. Het afgaan op het gevoel kan daarmee tot hele minieme proporties zijn teruggebracht. Of het klopt dat onze ratio voor efficiëntere acties zorgt, is iets waar we over in discussie kunnen gaan. Alles tot in detail bekijken, kan heel veel tijd kosten, waar een beslissing op gevoel nemen in een seconde gebeurd kan zijn. Voorwaarde is dan wel dat je weet dat je gevoel (je intuïtie) klopt. De enige manier om dit te achterhalen is om vaker met je intuïtie en dus je gevoel te gaan werken.

In dit boek:
In het boek zijn er een aantal voorbeelden terug te vinden waarbij op het gevoel werd gereageerd:

- Het vertrouwen op het gloeien van het kompas;
- Het bewust worden van de lading van de bagage en het onprettig voelen daarbij.

Op het moment dat het kompas ging gloeien, besloot de hoofdpersoon zich te laten leiden in de richting die werd aangegeven door het kompas. Er was geen rationele reden voor, het was een ingeving die werd opgevolgd.

In het geval van de bagage en de daarbij behorende tekening, kreeg de hoofdpersoon een gevoel dat deze niet langer meer zijn of haar leven wilde laten bepalen door een ander. Door deze realisatie kon de vraag naar boven komen of de ander ook daadwerkelijk zoveel baat had bij deze hulp, als oorspronkelijk door onze hoofdpersoon werd aangenomen. Het gevoel gaf daarmee nieuwe impulsen aan de ratio.

Vragen:

- Hoe vaak vertrouw jij op je gevoel?
- Is het weleens gebeurd dat je dingen voelde, maar toch op je ratio afging en je gevoel gelijk bleek te hebben?
- Hoe zou het zijn om je gevoel als input te gebruiken voor je te overdenken acties?

7. SIGNALEN

Uitleg:
Wanneer je je gevoel volgt, zul je bepaalde signalen gaan herkennen. Als iets klopt voelt het over het algemeen prettig. Als iets niet klopt voelt het meestal onrustig of zwaar.

Er zijn een aantal manieren om met je gevoel te leren werken. De eerste manier is een heftige emotie ervaren (bijvoorbeeld bij een ongeluk of een schrikreactie). Een tweede manier is om aan iets leuks te denken zoals een vakantie. Een derde manier is om het bewuste deel van je hersenen wat te doen te geven. In alle gevallen beweegt het bewuste deel (de ratio) zich naar de achtergrond, waardoor het creatieve en het gevoelsdeel de kans krijgt zich te manifesteren. Dit zijn de momenten dat weggestopte herinneringen, verlangens en gevoelens naar boven kunnen komen.

Wanneer je in een andere ‘state of mind’ bent, dus heel ontspannen of juist heel alert en gefocust, zul je merken dat je anders waarneemt dan je normaal doet. Je ziet en hoort dingen die je normaal zou missen. Vergelijk het met zelf autorijden of in de bijrijderstoel zitten. Doordat je waarnemingen anders zijn, zul je de gebeurtenis ook anders herinneren, dan in de voor jou gebruikelijke gemoedstoestand. Hierdoor kunnen er opeens signalen of tekens doorkomen, die je normaal niet zou opmerken.

Signalen kunnen je laten weten of je op de goede weg bent met iets of juist niet. Belangrijk is om de signalen te leren herkennen. Soms zijn signalen heel duidelijk, net zoals een rood stoplicht. Soms is het nodig de signalen te leren zien en herkennen.

In dit boek:
Tijdens de reis wordt de hoofdpersoon zich bewust van dingen die hij of zijn niet eerder heeft waargenomen, zoals:

- Het station;
- De sterren;
- De sleutels.

Wanneer de hoofdpersoon wakker wordt krijgt deze het ene signaal na het andere. Er zijn krantenartikelen met berichten die aanwijzingen bevatten en er blijkt een station te zijn. Er is een kompas die aanwijzingen geeft en dan zijn er nog de woorden in de coupé en de bijbehorende sterren en sleutels.

Sommige van deze signalen zijn heel vluchtig (zoals het artikel in de krant), andere heel duidelijk (zoals het kompas). Door af te gaan op deze signalen ervaart onze hoofdpersoon een heel nieuw avontuur. Had deze niet de instructies van het artikel opgevolgd, was het wellicht weer een dag als alle andere dagen geworden. Nu echter was er een mogelijkheid iets nieuws te ervaren en inzichten op te doen.

Vragen:

- Heb jij weleens besloten om een andere beslissing te nemen op basis van een (vluchtig) signaal?
- Heb je weleens dingen gezien waarvan je je afvroeg waarom jij dit nu juist op dit moment zag?
- Heb je je weleens laten leiden door deze signalen? Hoe was dat? Heeft het je teleurgesteld of juist nieuwe dingen gebracht?

8. VERANDERING MINDSET

Uitleg:
Wanneer de onrust groot genoeg is en je tot de conclusie bent gekomen dat je dingen anders wilt, kun je gaan nadenken over het veranderen van je overlevingsmechanisme. Belangrijk hierbij is dat je voor je zelf vaststelt:

- Waar je tegenaan loopt;
- Wat je anders wilt.

Op het moment dat je je besluit neemt om bepaalde dingen anders te gaan doen en je anders op te stellen dan je tot nu toe hebt gedaan, ben je bezig de oude mindset te veranderen. Er is de realisatie dat de oude mindset niet langer meer optimaal functioneert (of wellicht helemaal niet goed functioneert) en nu kun je vaststellen hoe je dan wel wilt reageren. Door in gedachten na te gaan wat je precies anders wilt doen, kun je dat wat je wilt bereiken zodanig aanpassen tot het precies bij je past.

In dit boek:
In het boek heeft onze hoofdpersoon besloten niet langer anderen meer voor te laten gaan. Door iedereen – behalve zichzelf – voor te laten gaan, had de hoofdpersoon geen tijd meer om dingen voor zichzelf te doen. Er was daarmee ook geen tijd meer om leuke dingen te doen. Daarnaast kwam onze hoofdpersoon tot de conclusie dat deze wat meer creatief bezig wilde zijn en daarmee andere helpen om te achterhalen waar zij van droomden. Dit was daarmee een andere manier van helpen dan eerst werd toegepast.

Vragen:

- Wat heb jij aan overtuigingen die je wilt behouden?
- Wat zou je anders willen?
- Waar wil je helemaal vanaf?

9. KWALITEITEN

Uitleg:
Het besluiten dat je dingen anders wilt, is één ding. Een ander is het nagaan wat je nodig hebt aan eigenschappen (of juist anders wilt) om je overtuiging kracht bij te zetten.

Veel mensen weten wel te benoemen wat ze niet meer willen, maar ze hebben vaak geen idee wat ze dan wel willen. Het is dan interessant om te zeggen: Ik wil NIET meer… Wat ik WEL wil is… Door dit hardop te zeggen kan er een antwoord naar boven komen, in tegenstelling tot het spontaan verzinnen van een rijtje dingen die je wel wilt.

In dit boek:
Ook onze hoofdpersoon wil dingen anders:

- Anderen voor laten gaan wordt eerst kijken of hij of zij zelf tijd en energie genoeg heeft om de dingen te doen die hij of zij wil. Daarmee worden grenzen gesteld. Door vragen te stellen kan hieraan worden vastgehouden.
- Daarnaast worden er twee belangrijke kwaliteiten benoemd:
    - Standvastigheid;
    - Vertrouwen.

  Beide kwaliteiten zijn nodig om bij zichzelf te blijven en er vanuit te kunnen gaan dat het goed komt.

Vragen:
- Welke kwaliteiten wil je vasthouden?
- Welke kwaliteiten werken je tegen? Zou je deze positief kunnen formuleren?
- Welke kwaliteiten zou je nog willen bijschaven? Hoe zien ze eruit als ze optimaal voor jou werken?

10. VERANKERING MINDSET

Uitleg:
Nu is het belangrijk om vast te kunnen houden aan je nieuwe doel en je nieuwe mindset. Je wilt voorkomen dat je wordt teruggezogen in de schijnzekerheden. Dit doe je door je nieuwe mindset, je nieuwe overlevingsmechanisme, te verankeren.

Nu je weet wat je wilt en welke kwaliteiten je hiervoor nodig hebt, kun je je nieuwe overlevingsmechanisme gaan inzetten. De vraag hierbij is of je het minimaal 3 maanden kunt volhouden? Als mens zijn we geneigd om als dingen niet gelijk lukken, terug te vallen op onze oude gewoonten. Daarom is het van belang om het gevoel dat je ervaart bij je nieuwe mindset vast te houden.

Wanneer je je nieuwe overlevingsmechanisme in gedachten doorloopt, voel dan wat het met je doet als je het doel bereikt. Koppel dit vervolgens aan een bepaalde gedachte of een gebaar wat hier bij past.

Elke keer als je geneigd bent terug te gaan naar je oude manier van doen, roep je je nieuwe mechanisme op door terug te gaan naar de gedachte, dan wel het gebaar te maken. Door dit steeds weer te doen, zul je merken dat de nieuwe manier van werken je steeds makkelijker afgaat.

Een andere manier om mindsets te veranderen en te verankeren is terug te gaan naar de oorspronkelijke gebeurtenis die dit mechanisme heeft doen ontstaan. Door uit te spreken wat je dwarszit, kun je jezelf in je kracht zetten. Door deze woorden vervolgens te blijven gebruiken in de toekomst, kun je zorgen dat je niet meer hetzelfde reageert op een zelfde situatie, maar juist zoals jij dat wilt.

In dit boek:
Onze hoofdpersoon heeft een aantal manieren, die helpen om bij zichzelf te kunnen blijven. Door deze te bekijken dan wel hier aan te denken, heeft hij of zij een duidelijk houvast hoe het anders kan.

Zo heeft onze hoofdrolspeler een aantal sleutels gekregen met teksten erop. Ook zijn er de sterren met daarop bepaalde woorden. Door dit terug te lezen, is het makkelijker om de nieuwe strategie toe te passen.

Vragen:

- Wat zijn voor jouw goede symbolen? Is het voor jou genoeg om een voornemen te maken of heb je het nodig om dingen op te schrijven, dan wel terug te zien?
- Wat helpt jou herinneren aan je voornemen? Wat past er bij jou en is uitvoerbaar?

11. OPSLAG IN DE HERSENEN

Uitleg:
In dit tweede deel hebben we besproken wat er zoal gebeurt in de hersenen. Onze hersenen maken onder meer gebruik van een deel dat direct toegankelijk is (het bewuste deel) en een deel dat moeilijk toegankelijk is (het onbewuste deel).

Het deel waarvan we ons niet bewust zijn, bevat allerhande informatie die willekeurig lijkt te zijn opgeslagen. Het is gekoppeld aan gebeurtenissen, zintuigen en/of emoties. Het is belangrijk om te realiseren wat de gevolgen zijn van deze opslag, zodat we kunnen besluiten niet langer meer gebruik te maken van deze informatie. In plaats daarvan kunnen we nieuwe informatie opslaan, die wel gewenst en bruikbaar is.

Door gebruik te maken van ankerpunten, kunnen we informatie die normaliter niet makkelijk te bereiken is, relatief makkelijk oproepen. Het ankerpunt fungeert als een sleutel die je toegang geeft tot het onbewuste deel van je hersenen, waar je overlevingsstrategieën zijn opgeslagen.

Tijdens het verankeren wordt gebruik gemaakt van emoties en gevoel. Aan dit gevoel is vervolgens een makkelijk te onthouden symboliek gekoppeld in een bepaalde vorm. Op het moment dat je je bewust wordt van een bepaalde emotie, komt de gedachte naar boven dat je de dingen anders wilt. Wanneer je vergeten bent hoe, ga je terug naar je geheugensteuntje, die ervoor zorgt dat je gelijk bij je opgeslagen voornemens komt. Je weet weer wat je wilt en hoe je het wilt en hoe je het kan uitvoeren. Het gevoel dat je het kan komt weer terug en daarmee ook de daadkracht om het te realiseren.

De kracht die we nu kunnen toepassen is dat we niet langer meer reageren op verborgen herinneringen, maar op onze eigen wensen en verlangens zoals wij die zien. Onze hersenen weten niet dat dit niet gebeurd is, maar dat we ons dit slechts hebben voorgesteld. Wat ze wel doen is emoties en daarmee gevoelens koppelen aan bepaalde gedachten en gebeurtenissen. Op deze manier kunnen we bewust krachtige mechanismen oproepen die we in het onderbewuste geprogrammeerd hebben.

In dit boek:
Als we in dit boek kijken naar de vergelijking met de opslag in ons onderbewustzijn, is dit te vergelijken met de koffers. Het blijkt dat we ongemerkt allerlei bagage met ons meeslepen. Het bewust worden van het feit dat we bagage bij ons hebben is stap één.

De tweede stap is het ophalen van de bagage, de inhoud. Zolang de koffers veilig zijn weggestopt, hoeft er niet te worden nagedacht over de inhoud, dan wel het opruimen ervan. Het lastige met verborgen herinneringen is dat ze op de proppen komen als je het niet kan gebruiken. Op het moment dat het besluit wordt genomen om op reis te gaan, verschijnen de koffers spontaan op het perron. Ze zijn er in grote aantallen en het blijken er verrassend veel te zijn en het overzicht is zoek.

Daarmee komen we bij stap drie. Wat gaan we doen met de inhoud? Weten we wat we hiermee kunnen? Is het bruikbaar? Of is het tijd om de inhoud te vervangen? In dit boek wordt de bagage gesorteerd op bruikbaarheid. Wat niet meer bruikbaar is wordt verbrand, weggegooid en weggehaald. De bruikbare inhoud wordt vervangen door een USB-stick, die makkelijk toegankelijk is door het gebruik van een laptop. De rest van de informatie is overzichtelijk terug te vinden op de tekeningen.

Dit alles resulteert in stap vier. Het ordenen en structureren van de nieuwe informatie. De informatie is niet langer meer her en der verspreid, maar staat op een USB-stick. Alle programma's die nodig zijn, zijn terug te vinden op de laptop. De tekeningen zijn te plaatsen in een koker, die klein opgeborgen kan worden in een kistje en groot uitgevouwen, zodat alles overzichtelijk zichtbaar wordt.

Als laatste is er nu een sleutel beschikbaar, die ervoor zorgt dat alle informatie niet alleen makkelijk kan worden teruggevonden, maar dat de informatie en voornemens ook makkelijk ontsloten kunnen worden.

Vragen:

- Kun jij zo terugroepen wat je vanmorgen gedaan hebt?
- Wanneer ben jij voor het laatst boos geweest? Wat heb je toen gedaan?
- Hoe zou het zijn om je blijvend iets te herinneren wat je geweldig vindt om gedaan te hebben in plaats van het weg te laten zakken?

12. NIEUWE AVONTUREN

Uitleg:
Doordat je je ratio nu (bewust) kan toepassen op wat je wil, kun je ook controleren waar je staat met je nieuwe plannen. Je kunt je overtuigingen controleren en waar nodig kun je ze bijstellen.

Door regelmatig stil te staan bij wat je je hebt voorgenomen en of dit gerealiseerd is, word je je steeds bewuster van deze voornemens. Vervolgens kun je gaan kijken naar wat er wel of niet goed is gegaan. Aan de hand van je bevindingen kun je terugkijken of je je overlevingsmechanismen hebt toegepast. Aan de hand van deze analyse kun je besluiten of en hoe je deze mechanismen nog wat verder kan aanpassen.

Elke keer dat je nu een bepaalde emotie ervaart die jou te kennen geeft dat je iets op een andere manier wilt, kun je deze technieken die in de afgelopen hoofdstukken zijn beschreven gaan toepassen.

In dit boek:
In het boek ontvangt de hoofdpersoon twee kaartjes voor een reis naar de sterren. Deze zijn bedoeld om andere mensen te kunnen inspireren.

Zelf heeft de hoofdpersoon kunnen lezen in het tweede artikeltje dat hij of zij alleen maar terug hoeft te gaan naar het strand om weer opnieuw zo'n reis te maken. Tijdens deze reis kunnen dan weer nieuwe realisaties doorkomen en daarmee andere overlevingsmechanismen worden aangepakt.

Vragen:
- Ben jij ook toe aan een nieuwe mindset? Wat heb je dan nodig om op avontuur te gaan?

Tot slot:
Jij weet nu dat je alles kunt bereiken wat je wilt. Maak er gebruik van!

DANKBETUIGINGEN

Dit boekje is tot stand gekomen dankzij een aantal personen. Sommigen heel dichtbij, sommigen wat verder weg.

Als eerste wil ik Roy Martina bedanken en Brigitte Sumner, mijn mentor en coach, voor hun immense steun tijdens mijn persoonlijke reis en daarmee ook bij de realisatie van dit boek.

Verder wil ik langs deze weg Henri van Amerongen en Michael Coers bedanken, die me hebben geïntroduceerd in de wereld van de regressie en de hypnotherapie,.

Kees Goedegebure wil ik hartelijk danken voor de realisatie van de juiste lay-out, het doorlopen van de tekst en de ondersteunende boodschappen die me hebben geholpen (en nog steeds helpen) bij deze reis.

Ook Kees Buursink wil ik bedanken voor zijn inspiratie bij het voorwoord én het fulltime mogelijk maken van deze reis!!!

Mijn dank gaat tevens uit naar mijn cliënten én vrienden die mij geïnspireerd hebben in de afgelopen tijd, tot het maken van dit boek en het gaan van deze reis en daarbij ook weer anderen te begeleiden.

Jackie Wright and Matthew Smith, thank you for your inspirational words with regards to my book-writing!!!

Natalie en Rekha… Need I say more?

Pap† en Mam (, Zus en Broer), ik weet hoe trots jullie op me zijn!!!

Nisandeh Neta, Eelco de Boer and Brendon Burchard, thank you All for sharing your knowledge and making this journey possible!

Als laatste wil ik mijn man Nico bedanken voor zijn niet aflatende support. Zonder hem had ik niet de tijd kunnen nemen om dit boek te schrijven en alles er omheen verder te ontwikkelen.

Dikke knuffel en een big SMILE ☺ voor jullie allemaal!!!

Elise

TOT SLOT

Dit boek is het 1e deel in de serie "Droom Je Leiderschap". Het beschrijft de reis om te achterhalen wat je zo al aan bagage en overlevingsmechanismen hebt verzameld gedurende je leven en wat je kunt doen om bepaalde bagage te laten gaan en deze overlevingsmechanismen aan te passen. Tevens geeft het een eerste uitleg hoe de theorie hier achter werkt.

Het vervolg hierop is "Manifesteer je Leiderschap". Dit is een werkboek waarin je aan de hand van uitleg, vragen en opdrachten zelf aan de slag kan met je eigen bagage en overlevingsmechanismen achterhalen en deze waar nodig aan te passen.

Tevens zijn er diverse workshops en cursussen rond het thema "Droom je Leiderschap". Voor meer informatie zie www.ChikaraCC.nl en www.TrainWorkatChikara.nl.

OVER DE SCHRIJVER

Elise A.C. Ledderhof (*schrijfbijnaam Lexje) is werkzaam als Leadership Counsellor.

Ze begeleidt anderen om in hun kracht te komen en zo leiderschap over hun eigen leven te leren nemen. Hiertoe achterhaalt ze samen met de ander het blokkerende overlevingsmechanisme en zet deze om naar een bekrachtigend overlevingsmechanisme.

Dit boekje vertelt het verhaal over een reis, tijdens welke er herinneringen naar boven komen, over dromen en gebeurtenissen die ons gevormd hebben. Als we verder willen komen en onze dromen willen volgen is het belangrijk dat we bepaalde bagage en ladingen achter ons laten. Deze kunnen we vervangen door nieuwe gedachten die ons gaan ondersteunen bij wat we willen. Dit boekje is een inleiding hoe hiermee om te gaan. Het is op een avontuurlijke wijze beschreven die u geboeid houdt van begin tot einde.

***Brigitte Sumner**, schrijfster, entrepreneur coach, trainer en speaker- Turnaround Coaching & Consultancy Ltd. Groot Brittanie:*

Dit boekje is inspirerend met een serieuze ondertoon. Er worden dingen in behandeld die ogenschijnlijk heel onbeduidend lijken, maar bij nader inzien veel impact op je leven kunnen hebben. Het goede nieuws is dat met deze inzichten je de mogelijkheid hebt om je toekomst aan te passen, zoals jij die wil leven. Elise heeft met dit boekje voor eens en voor altijd duidelijk gemaakt dat je de keuze hebt om je leven te leiden zoals jij dat wilt. Zij past dit bovendien met success in haar eigen leven toe.

***Roy Martina**, holistisch arts, internationaal bestseller auteur, trainer en spreker en ontwikkelaar van de revolutionaire methode Omega Healing:*

Lexje is een 5D dromer met 3D resultaten. Haar talent is creatief manifesteren, hetgeen inhoudt dat zij haar Rechter hersenhelft, die 5D kan denken activeert en vervolgens dat in de werkelijk 3D wereld kan waarmaken. Deze cursus leert je de basisprincipes om te manifesteren wat je wilt.*

ISBN 978-1-4716-3628-8
90000
9 781471 636288

www.ingramcontent.com/pod-product-compliance
Ingram Content Group UK Ltd.
Pitfield, Milton Keynes, MK11 3LW, UK
UKHW020236250726
13967UKWH00001B/395

9 781471 636288